JN410969

수요일, 오후 3시

인지
생략

들꽃산문선 **9**

수요일, 오후 3시

2024년 10월 20일 초판인쇄
2024년 10월 25일 초판펴냄

지은이/김정옥, 이창경, 최미경

펴낸이/문창길

펴낸곳/도서출판 들꽃
주소/서울 중구 서애로 27 서울캐피탈빌딩 B2-2호(04623)
전화/02)2267-6833, 2273-1506
팩스/02)2268-7067
출판등록/제5-313호(1992. 5. 15)
E-mail: dlkot108@hanmail.net, dlkot108@naver.com

값/15,000원
* 파본된 책은 바꾸어 드립니다.

ISBN 978-89-6143-241-2 03810

들꽃산문선 9

수요일, 오후 3시

김정옥 이창경 최미경

들꽃

| 발간사 |

첫 문집 출간을 축하합니다

정 수 남(소설가, 지도교사)

'수요일, 오후 3시' 출간을 먼저 축하드립니다. 이를 준비시키고, 그 과정에서부터 출판에 이르기까지, 계획하시고 인도하여 주신 하나님께 감사를 드립니다.

수필이란 우리가 아는 것 같이 그냥 붓 가는 대로 쓰는 글이 아닙니다. 문학의 한 장르인 수필은 그 안에 처음과 중간과 끝이라는 구조가 엄연히 존재하고 있으며, 짧은 분량이지만 제재를 통해 주제를 드러내는 문학의 향기까지 풍겨야 하는 글입니다. 즉, 개인의 진솔한 고백 속에 작가의 인품과 품격이 함께 드러나는 글로, 소프트웨어와 하드웨어가 공존해야 합니다.

제가 능곡교회 문화센터 '시니어 글짓기' 교실을 맡기 시작한 지 이제 겨우 일 년이 조금 넘는 듯합니다. 처음엔 두 명으로 수업을 시작했습니다. 그러나 저는 실망하지 않았습니다. 네 시작은 미약하나 네 나중은 심히 창대해지리라는 말씀을 붙들고 나갔습니다. 그런데 하나님께서는 그 말씀대로 곧 한 명을 더 보내주셨습니다. 교실은 늘

화기애애한 분위기여서 한 시간이 언제 지나가는지 모를 정도였습니다. 원인은 세 명의 권사님들 때문입니다.

세 명의 권사님들은 모두가 소녀 같은 분들입니다. 수요일 오후 3시가 되면 소녀들은 어김없이 한 자리에 모여 자신이 써온 수필작품을 발표하고, 합평하면서 새처럼 재재거리며 해맑게 웃곤 하였습니다. 솔직히 고백하자면 사실 지난 일 년여 동안 저는 그런 소녀들이 보고 싶어 일주일을 기다렸다고 해도 과언이 아닙니다.

권사님들은 저마다 살아온 환경과 삶이 다르고, 개성 또한 강한 분들입니다. 그러므로 그분들이 매주 써서 내어놓는 작품 또한 그러했습니다. 그것을 지도하면서 저는 다만 그분들이 지닌 그와 같은 특성이 훼손되지 않도록 안내했을 뿐입니다. 따지고 보면 이처럼 교회를 통해서 만나 문학을 논하고 교제를 나누게 된 것도 다 하나님의 은혜라고 생각합니다.

아마도 '수요일, 오후 3시' 는 이 한 권으로 끝나지 않을 것 같습니다. 이것을 시작점으로 2집과 3집 출간이 계속 이어질 것으로 전망합니다. 그것은 무엇보다 그사이 '시니어 글짓기' 교실 수강생이 5명으로 늘어났고, 새로 참여한 권사님과 집사님 역시 문학을 향한 열정이 활화산 같기 때문입니다.

다시 한번 권사님들을 만나게 해주신 하나님께 감사를 드리며, '수요일, 오후 3시' 문집 출간을 축하드립니다.

2024년 8월 31일

| 축사 |

사랑합니다. 축복합니다.

윤인영(능곡교회 담임목사)

능곡교회 문화센터 '시니어 글쓰기'의 문집 출간을 축하드립니다.

귀한 사랑으로 헌신하신 분들에게 감사드립니다.
특별히 수고해주신 정수남 작가님과 모든 작가님께 고맙습니다.

삶을 나눈 귀한 글들이 글을 쓴 분이나 읽는 분에게
함께 마음을 나누는 귀한 샘물이 되길 원합니다.
분주한 삶에서 쉼과 여백을 찾는 여유이길 원합니다.
잃어버린 자신을 찾는 통로이길 원합니다
깨어진 관계가 회복되는 징검다리이길 원합니다.

왜냐하면, 글에는
어제의 아픔과 상처를 보듬는 힘이 있기 때문입니다.
오늘의 절망에서 희망을 캐어내는 힘이 있기 때문입니다.
내일의 불확실한 길에 빛을 드러내는 힘이 있기 때문입니다.

오랜 시간
묵상하고 쓰고 지우고 다시 썼을
귀한 이들의 수고와 인내에 사랑을 담아 축하드립니다.
성실하게 읽고 마음을 나누겠습니다.
충분히 행복해하고 울컥하겠습니다.

이번 문집 출간을 통해
행복한 여정을 마무리하는 분들께 또 다른 여정을 기대합니다.
마지막으로 하나님의 사랑이 모든 이에게 함께하시길 기도합니다.
사랑합니다. 축복합니다.

차례

김정옥

이창경

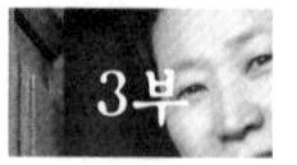

최미경

제1부

김정옥

▲건이와 함께

건이와의 일상이 너무도 소중

수요일 오후 3시! 나에게 특별한 의미를 부여하는 시간이다.

예전에는 흘러가는 시간의 한 부분이었지만, 지금은 나의 삶을 이야기하고 다른 이들의 인생을 이해하는 시간이다.

손자를 돌보게 되면서 하루하루가 새롭게 다가왔다. 건이와의 일상이 너무도 소중하게 여겨졌기에 글로 남겨야겠다는 욕심에 사로잡혀 이 시간 속으로 뛰어들었다.

처음 수필을 배울 때는 무엇을, 어떻게 써야 할지 짐작할 수도 없었다. 그런데 이런 문집을 내게 되다니…….

나와 동행하시는 하나님께 감사드린다. 또한, 용기를 북돋아 준 남편과 친구들에게 고마운 마음을 전한다.

김 정 옥

우리 집

우리 집

가을 햇살이 베란다 창을 통해 들어와 거실을 환하게 비추고 있다. 운동 후에 마시는 커피는 얼마나 감미로운지 아메리카노 커피의 쓴맛이 전혀 느껴지지 않는다. 커피를 마시면서 앞 베란다로 나가 본다.

우리 집 앞 베란다에서 밖을 내다보면 내 시야에 따라서 경치가 달라진다. 정면을 바라보면 나뭇잎 사이로 길 건너 아파트가 보이고, 시선을 약간 위로 옮기면 푸른 하늘이 가을 색을 더욱 자랑하고 있는 듯하다. 시선을 옮겨 아래쪽을 내려다보면 화단에 떨어진 낙엽들과 끝이 누렇게 변해가는 풀들이 보인다.

우리 집은 남들이 말하는 로열층은 아니지만 나는 대만족이다. 2층이라서 승강기에 의존하지 않고도 오르내리기 쉽고, 창문만 열면 땅의 냄새도 맡을 수 있기 때문이다. 언제부터인가 나는 밖에서 불어오는 바람의 촉감과 실려 오는 냄새들이 좋아지는 것을 느꼈다. 이것은 아마도 내가 나이를 먹어 가는 까닭일 것이다.

날씨가 쌀쌀해진 탓인지 요즘은 새소리가 들리지 않는다. 거실 밖으로 보이는 나무 위의 그 많던 새들이 다 어디로 갔는지 보이지 않는다. 가끔 새 모이를 주러 나오던 이웃집 할아버지와 손자도 요즘은 빈손으로 산책을 한다. 지금쯤 새들은 자신들의 안식처에서 쉬고 있을까?

20년 전쯤 우리 가족이 처음 이사 오던 날은 이 집에 대해 아무런 감흥이 없었다. 내 집도 아니고 전세로 들어오는 것이기 때문이었다. 단지, 아파트가 생활하기 편리하다는 것 때문에 선택한 집이기에 그저 몇 년 살다가 이사 가면 그만이라는 단순한 생각이었다. 그러나, 하룻밤을 지내고, 다음날 큰아들의 한마디가 나의 머리를 탁, 쳤다. "엄마, 여기가 바로 천국이야~!"

그러고 보니 그 말이 맞긴 했다. 때가 겨울인 탓도 있지만, 마음껏 쓸 수 있는 온수와 따뜻한 잠자리가 내 몸과 마음도 푸근하게 녹여주고 있었으니까…… 예전에 살던 집과 비교하면 천지 차이니 아들이 그렇게 느낄 법도 했다. 전에 살던 곳은 학원에 방을 들여서 살았기 때문에 웃풍도 심하고, 화장실도 상가 복도에 있어서 불편한 점이 많았다. 아들만 둘이어서 그런 곳에 살아도 큰 불평이 없이 살았지만, 만일 딸이 있었다면 벌써 집을 옮겼을 것이었다. 그런저런 이유로 우리 아들들의 삶은 한 단계 업그레이드 되었고, 나도 편리한 주거 공간 덕에 조금은 게으른 생활을 하기도 했다.

교회도 가까워서 새벽예배 다니기에도 아주 편했다. 며칠 후, 새벽예배를 마치고 돌아오면서 아파트를 바라다보게 되었다. 길 끝으로 보이는 아파트 후문이 정겹게 느껴졌다. 나도 모르게 기도를 하고 있었다. '주님, 저기가 우리 집이면 얼마나 좋을까요. 저도 아파트를 갖게 해주세요'

일 년여의 시간이 흐른 어느 날 친정엄마의 전화를 받게 되었다. 백내장 수술을 받는다는 소식을 전하며 수술 후 회복 기간에 우리 집에서 쉬고 싶다는 내용이었다. 나는 마침 일을 쉬는 중이라서 당연히 그렇게 하시라고 대답했다.

엄마가 오시기로 한 날 이틀 전 주인 총각한테서 전화가 왔다. 아파트 매수자가 나와서 집을 계약한다는 것이었다. 나는 깜짝 놀랐다. 집주인이 아파트를 팔려고 내놓았다는 사실을 깜빡 잊고 있었던 것이었다. 나는 다급하게 "안 돼요, 우리 엄마가 수술을 마치고 요양하러 오시기로 했어요."

주인 총각은 난감해하며 그럼, 어떻게 하냐고, 자기는 집을 지금 꼭 팔아야겠다고 했다. 나는 세입자의 권리를 주장하며 나에게 팔든지, 아니면 계약 만료일까지 기다리라고 했다. 그날 저녁 나는 남편을 설득했다. 장모님에게 잘 보이고 싶었던지 남편은 흔쾌히 내 뜻을 따라 주었다. 그렇게 해서 남편이 제일 싫어하는 은행 융자를 받아서 이 집을 사게 되었다.

엄마가 오시던 날 "엄마 덕분에 우리 집을 샀어요."라고 말씀을 드렸다. 엄마는 나보다 더 좋아하셨다.

지금도 그때를 생각하면 기분이 좋아진다. 하나님의 인도하심에 감사한다. 밖에서 보는 아파트의 모습은 모두 똑같아 보이지만 그 안에서 이뤄지는 삶의 모습은 모두 다르다. 남들이 어떤 삶을 살아가는지 알 수 없지만, 우리 집에서의 삶은 우리만의 특별한 가치를 담고 있다고 생각한다.

공간적이고 형태적인 “집”이라는 단어 앞에 “우리”라는 단어가 붙을 때, 내가 속한 집단의 의미를 띠면서 나의 삶에 큰 영향을 끼친다는 것을 깨닫게 된다.

우리 집은 편안함과 안전함을 주는 곳이기도 하고, 가족과의 생활로 활력이 넘치는 곳이기도 하다. 내일은 또 어떤 일이 생길지, 어떤 이웃과 차를 마시며 수다를 떨게 될지 기대가 된다.

열어 놓은 창을 통해 들어오는 바람에 한기를 느낀다. 엊그제 내린 비가 가을을 재촉한 것일까? 손자 건이를 위해 꾸며 놓은 앞 베란다 놀이터가 어쩐지 을씨년스럽게 느껴진다. ‘어느 방에 놀이 공간을 만들어 줄까~?’ 나는 사방을 둘러보며 생각에 잠긴다.

길

길

운동을 하기 위해 집을 나섰다. 나는 고등학교 뒷산에서 걷는 것을 좋아한다. 야트막한 동산이라서 둘레길 걷기 정도의 적당한 운동이라 부담이 없다. 그곳은 우리 집에서 도보로 10분 정도 걸리는 거리에 있다. 집에서 나와 내리막길을 따라가다가 신호등이 있는 횡단보도를 건너서 고등학교 후문 옆을 지나면 오르막을 오르게 되는데 거기서부터 산책로가 시작된다.

산책로는 사람들에 의해서 자연스럽게 형성된 길이다. 처음에는 길이 단순했다. 그러나 세월이 흐르면서 여러 개의 길이 만들어졌다. 많은 길 중에서 나는 산을 넓게 걸을 수 있게 만들어진 길을 애용한다. 그 길을 세 바퀴만 돌면 하루 운동량이 채워진다.

길은 땅에만 있는 것은 아니다. 하늘에도 길이 있다. 어렸을 때는 하늘을 나는 비행기가 신기해서 하염없이 바라보곤 했다. 한편으로는 새처럼 자유롭게 날아다니는 비행기가 부러웠다. 좀 더 자란 후에는 하늘길이 있어서 그 길로만 다닌다는 것을 알게 되었다. 하긴 무턱대고 다니면 사고가 날 터이다.

바다에도 길이 있다. 여객선이나 화물선이 제멋대로 다니는 것이 아니고 정해진 바닷길로 다닌다고 한다. 심지어 해변에는 어두컴컴한 바닷길을 밝혀주는 등대도 있다. 이렇듯 길은 어디에나 있다.

우리네 인생도 길이 있다. 부모로서의 길, 자식으로서의 길, 사회인으로서의 길 등 개인에게는 가야 할 길이 있다.

내 나이 벌써 육십이 넘었다. 나의 삶을 되돌아보며 잘 걸어왔는지 생각해 보았다. 부모로서 본이 되는 길을 걸었는지, 혹시 자식들에게 좋지 않은 기억을 심어 주지는 않았는지 나 자신을 스스로 평가해 보았다. 딱히 떠오르는 것이 없는 걸 보니 그럭저럭 잘 살아 온 것 같기는 하다.

나는 몇 개월 전까지만 해도 직업을 갖고 있어서 바깥일과 집안일을 병행했다. 피곤한 날이 많았지만 일에 대한 자부심으로 뿌듯함을 느끼며 살았다. 둘째 아들이 결혼한 후에 첫 손주가 태어나면서 아들 내외의 부탁으로 손자를 돌보게 되어 일을 그만두게 되었다. 조금 아쉬웠지만 손자를 돌보는 것이 더 소중했기에 일에 대한 미련은 버리기로 했다. 드디어 할머니의 길을 가게 된 것이다.

광주 외할머니댁에 다녀온 손자가 오랜만에 놀러 왔다. 2주 만에 보는 손자라 다른 때보다 더 반가웠다. 이제는 말도 제법 잘하는 손자가 나에게 빨리 놀자며 재촉을 해댄다. 손자는 할아버지랑 노는 것보다 나랑 노는 것을 더 좋아한다.

"광주에서 맛있는 것 많이 먹었니?"

"아니야, 광주 하무니가 허리가 마니 아파서 건이가 좋아하는 문어도 안 해 줬어."

"에구, 그랬구나. 내가 해 줄게."

두 살밖에 안 된 아이가 문어를 좋아한다는 사실에 놀랍기도 하고 우습기도 했다. 우리 가족 중에는 문어를 좋아하는 사람이 없기 때문이다.

나는 조부모의 역할을 매우 중요하게 여긴다. 어떤 이는 손자에게 매이지 말고 인생을 즐기며 살라고 조언하지만, 나는 손자와 노는 것이 즐겁다.

아이와 놀면 웃을 일이 많다. 천진난만한 행동과 생각지도 못한 표현에 마음이 따뜻해진다. 좋아하는 간식을 주었을 때 아이가 재빨리 한 개를 집어서 내 입에 넣어 주는 행동이나, 제 집에 가려고 아빠 품에 안겨서 현관문을 나서며 내게 보내주는 손가락 하트를 보면 내 가슴은 행복으로 벅차오른다.

손자와의 동행으로 소중한 추억을 만들 수 있을 것이라는 기대에 내 맘은 지금도 설렌다.

나의 삶을 정의하는 것은 매우 의미가 크다. 태어나고 살아가고 죽음에 이르기까지 인생을 한 마디로 단정할 수는 없지만, 삶의 가치를 무엇에 두느냐에 따라 걸어가는 길은 달라진다. 과거에 내가 걸었던 길이 현재의 나를 정의 하듯이 앞으로 걸어갈 나의 길 또한 미래의 나를 정의할 것이다.

산책로에서 여러갈래길 중 어떤 길을 선택하느냐에 따라 길이 달라지듯이 나의 삶 또한 어떻게 살아가느냐에 따라 그 모습이 달라질 것이다.

그 길에서 어떤 경험을 할지 알 수는 없지만 내가 선택한 길을 성실하게 걸어간다면 목적지에 도달했을 때 후회 없는 삶을 살았다고 고백할 수 있지 않을까?

나를 기쁘게 하는 것들

나를 기쁘게 하는 것들

에피소드 · 1

아파트 정문을 들어서는데 "안녕하세요, 선생님!" 소리에 뒤를 돌아보았다. 같은 동에 사는 초등생 연이다. 연이는 아기였을 때부터 내가 아는 아이다.

"어디 갔다 오니?"

"학원이요."

"오빠는?"

"걔요?……. 몰라요."

나는 속으로 깜짝 놀랐다. 그러나 태연하게 물어보았다. 오빠가 만만하냐고, 연이는 빙긋 웃으며 이제는 하나도 겁나지 않는다고 했다. 그러면서 자기를 귀찮게 하는 오빠가 싫다고 했다. 연이 오빠 훈이는 장난꾸러기다. 나는 연이에게 오빠가 개구쟁이라서 그런 거지 동생이 싫어서 그런 것이 아니라고 일러줬다. 조금 더 크면 장난기도 없어지고 서로에게 소중한 존재가 될 것이라고도 했다. 내 말에 연이는 알아들었다는 듯 고개를 끄덕이며, 인사를 하고는 승강기 쪽으로 발걸음을 옮겼다.

나는 아이들이 좋다. 아이들의 성장해 가는 모습이 나를 기쁘게 한다.

에피소드 · 2

주방에서 콩나물국 간을 맞추고 있는데 현관문 비번 누르는 소리가 들려왔다.

둘째 아들이 오기로 했기에 나는 하던 일을 계속했다. 한 시간 전에 톡으로 연락을 받았다. 며느리가 만든 김밥을 가지고 와서 같이 먹기로 한 것이다. 나는 대환영이다. 반찬거리에 신경을 쓰지 않아도 되고 손자랑 놀 수 있게 되어서 좋다. 30개월이 된 손자는 나와 노는 것을 좋아한다. 요즘은 블록 놀이를 자주 하는 편인데 놀이공원이나 집을 만들자고 한다.

"할머니, 빨리 놀자."라는 말이 나를 기쁘게 한다.

에피소드 · 3

얼마 전에 시어머니가 계신 요양원에 다녀왔다. 치매를 앓고 계시는 어머니께서 요양원에 가신 지 벌써 2년이 넘었다. 날이 갈수록 병증이 심해져서 가족을 알아보지 못할 때가 많다. 작년 12월에는 나를 알아보시고는 "작은 에미냐?"라는 것을 시작으로 말문을 여셨는데 지난달에는 아무 말도 하지 않았다. 내가 이런저런 말로 대답을 유도하고자 노력했지만 허사였다. 모든 질문에 묵묵부답이어서 답답했다. 초점 잃은 어머니의 눈동자는 허공을 응시하곤 하였다. 이번 설에는 어머니가 나를 알아봐 줬으면 좋겠다.

"작은 에미냐!"

이 한마디가 나를 기쁘게 한다.

에피소드 · 4

길을 걷고 있는데 맞은편에서 오던 젊은이가 인사를 했다. 난 누군지 몰라서 고개를 갸우뚱하며 누구세요, 하며 물었다.

"선생님, 저 김태우인데 기억하세요? 유치부 때 제 선생님이셨잖아요?"

이름을 들으니 까마득하던 옛 기억이 되살아나며 개구쟁이 꼬마 얼굴이 떠올랐다. 오래전 일인데 나를 기억하고 있다는 사실에 놀랍고 기뻤다.

"선생님은 예전이나 지금이나 변함이 없어서 바로 알아볼 수 있어요."라며 자신은 이제 고향에 와서 살게 되었다고 덧붙였다.

오랜만에 만난 제자가 나를 기쁘게 한다.

위에 열거한 에피소드처럼 나를 기쁘게 하는 것들은 인간관계를 전제로 한다. 좋은 물건이나 맛있는 음식이 나를 기쁘게 하기도 하지만 그것을 만드는 것은 인간이기에 내 기쁨의 원천은 사람에게 있다고 볼 수 있다. 사람은 말할 것도 없지만 주위 환경에서도 기쁨을 얻을 때가 많다. 아침을 여는 새들의 지저귐이나 수풀 속에서 날아오르는 나비의 날갯짓이 나에게 기쁨을 주기도 한다. 그러나 같은 자연의 현상을 보면서도 때에 따라서 다른 느낌을 받기도 한다. 그것은 내 마음의 상태에 달려 있다. 기분이 울적할 때는 아무리 멋진 모습을 봐도 기쁨을 느낄 수가 없지만 내 마음이 평안하면 기쁨이 배가 된다. 결국 나를 기쁘게 하는 것들은 어떤 사물이나 현상이 아니라 나의 마음 상태에 있다는 것을 깨닫게 된다. 내 주위를 둘러싸고 있는 환경적인 요소들이 나를 기쁘게 하는 것이 아니라 나의 내적 요소가 기쁨의 근원이라는 결론에 이르게 된다.

나를 기쁘게 하는 것의 주체는 바로 나라는 것을!

나의 봄

나의 봄

냉장고에서 엊그제 먹다 남긴 케익을 꺼냈다. 손자가 문화센터에서 만들었다는 그 케익이다. 단맛이 생각난 것은 최근의 바쁜 생활로 피곤함을 느낀 탓이리라. 3.1절 전국 여신도회 금식대회, 남여신도회 둘레길 걷기대회 등 교회 행사에 참여하다 보니 내 딴에는 약간 무리가 온 듯하다. 더군다나 부활절 칸타타 연습까지 겹쳐서 하루가 금방 지나갔다. 케익을 한입 가득 베어 무니 입안에 달콤함이 느껴진다.

고3 때는 내가 좋아하지도 않는 공부를 하느라 진땀을 뺐다. 화학이나 수학은 이해하기도 힘든 과목이었다. 더군다나 화학 공식은 왜 그리도 어려운지…….

엄마와 오빠는 내 의사와는 상관없이 이과를 선택하라고 했다. 그래야 대학 선택의 폭이 넓다고 나를 설득했다. 맘이 약한 나는 그 말에 따랐고 가뜩이나 재미없는 공부를 억지로 하게 되었다. 우리 부모님은 교육에 대한 신념이 확고했는데 아들딸 구별 없이 2년제 대학에 보낸다는 결정을 내렸다. 넉넉하지 못한 형편에 6남매나 되는 우리를 대학까지 보내기 위한 고육지책이었다.

숨이 막힐듯한 환경에서 나는 겨울 추위에 외투 깃을 여미고 종종걸음으로 내닫는 사람들처럼 내 마음을 두꺼운 껍데기로 가린 채 냉정하고 바지런하게 보냈다. 내 마음속의 겨울이 빨리 가기를 바라면서!

큰오빠는 그 당시 우리 가정에 큰 보탬이 되었기에 오빠의 말 한마디는 큰 영향을 끼쳤다. 자신이 가고 싶었던 서울대 법학과를 포기하고 2년제인 서울교대를 선택했던 오빠는 급여의 거의 전부를 우리들의 교육비로 내놓았기에 오빠의 발언권은 절대적이었다.

작은오빠도 교대를 나와서 초등학교 교사를 하고 있었지만, 자유로운 생활로 인해 가정경제에는 도움이 되지 못했다. 더군다나 지방에 있는 학교로 발령이 나서 엄마의 영향력 밖에 있었다. 기계를 좋아하던 오빠는 돈만 모이면 전축을 사서 분해를 해보고는 다시 조립한다거나, 오토바이를 사서 타고 가다가 사고를 내서 부모님의 걱정거리를 더했다.

지루했던 고3을 보내고 성적이 별로였던 나는 이과와는 상관없는 유아교육과를 선택하게 되었다. 졸업과 동시에 취업이 되는 학과였기에 결정도 빨랐다. 다른 생각은 할 수도 없는 학창 시절을 보내고 유치원 교사로 일한 시기가 내게는 맑고 화창한 시기였다. 하루하루가 달랐고, 아이들이 주는 자극의 연속이었기에 풍요로운 시간을 보냈다. 하나님을 알고자 성경 공부를 하던 때여서 행복하고 충만한 삶을 살았던 시기라고 말할 수 있다. 반복되는 일상을 보냈지만, 똑같은 날은 없었다. 아이들은 매일 새로운 말과 행동으로 내게 신선함을 주었다. 개구쟁이 아이들이 주는 자극은 항상 나를 긴장하게 했고 어른스럽게 만들었다.

유치원 마당 한가운데에 큰 느티나무 한 그루가 있었다. 여름에는 해충 작업을 하는 나무였다. 어느 날 바깥 놀이 중에 한 아이가 뛰어오더니 내게 손을 내밀어 보라고 했다. 나는 무심코 손을 내밀었는데 웬걸, 손바닥 위에 놓인 물체를 보고 소리를 질렀다. 내가 제일 싫어하는 송충이였다. 이처럼 아이들은 기발한 장난을 치기도 했다.

결혼생활은 또 다른 나를 발견하게 하는 계기가 되었다. 결혼과 동시에 전업주부가 되겠다는 결심은 둘째 아이가 태어난 후에 바뀌었다. 직업을 갖고 싶다는 욕구가 너무 강해서 남편과 세 번의 큰 다툼 끝에 일을 하게 되었다. 주변 사람들은 왜 사서 고생하냐고 말하기도 했지만 내 마음은 변하지 않았다. 전문적인 일을 함으로써 나를 인정 받고 싶어서였을까?

내 나이 벌써 육십이 훌쩍 넘었다. 지금은 일에서 잠시 손을 놓고 있지만 기회가 주어진다면 다시 일할 수 있다는 마음의 준비가 되어 있다. 전에는 아이들을 잘 먹이고 가르치기 위한 목적이 큰 비중을 차지했으나 지금은 나 자신과 주위 사람들을 위해 쓰고 싶다. 집을 사야 한다는 부담과 아이들의 교육비 등으로 허리띠를 졸라매며 살던 때가 엊그제 같은데, 지금은 마음을 조릴 일도 없으니 얼마나 편안한 삶인지 감사하다. 온전히 나를 위해 돈을 쓸 수 있는 여유, 친구와 맛있는 점심을 먹을 수 있다는 것은 나의 행복이다.

인간 발달의 단계로 보자면 청, 장년기가 신체적으로나 인지적인 측면에서 가장 왕성하고 활발한 시기여서 봄과 여름에 비유할 수 있다. 그러나 정신적인 면에서 본다면 노년기야말로 새로운 발달과제를 실현할 수 있는 또 하나의 봄이라고 할 수 있다. 행동은 굼떠져서 젊은이들처럼 빨리 달성할 수는 없지만, 원하는 만큼 시간을 낼 수 있으므로 그야말로 좋은 조건이다. 마음 또한 느긋해져서 성취감을 느낄 때까지 한 가지 일에 몰두할 수 있다.

지금까지의 내 삶에서 어린 시절을 제외하곤 요즘처럼 여유로웠던 시기는 없었다. 살기 바빴던 시간을 보내고 나니 선물처럼 주어진 오늘이다. 그래서 생각한다. 무엇을 해야 더 보람된 일일지, 어떤 공부가 내 삶에 도움이 될지 고민하는 요즘이다.

글쓰기를 배우면서 내 삶이 정리되는 것을 느꼈다. 내 친구는 두 번의 성경 필사를 통해 자신의 인생을 돌아보는 시간을 가졌다고 한다. 성경 속 인물들을 통해 자기의 삶이 정리되었다고 했다. 나도 글을 쓰면서 과거의 기억을 떠올리고 복잡했던 생각을 풀어 나가는 법을 경험하는 중이다. 내 삶의 방향성도 설정되리라는 기대도 생겼다.

"할머니, 건이가 만들었어. 무당벌레 케익이야."

나에게 또 하나의 봄이 오고 있다.

내겐 너무나 소중한 다리
내겐 너무나 소중한 다리

"할머니, 다리 만들자"

자동차 놀이를 할 때마다 건이는 다리를 만들자고 한다. 건이는 블록으로 만든 다리를 좋아한다. 그래서 자동차 놀이를 할 때면 언제나 블록으로 다리를 만든다. 자동차로 다리 위를 달리는 시늉을 하며 부우웅, 빵빵!

친정에 갈 때면 언제나 한강 다리를 건너야 했다. 갈 때는 동작대교를 이용했고 올 때는 행주대교를 건넜다. 한강 이북과 이남을 이어 주는 한강 다리는 무려 32개에 이른다고 한다. 건설 중인 다리도 있다고 하니 앞으로 더 늘어날 것이다.

"한강이 빨갛게 물든 적이 있었지"

돌아가신 아버지께서 육이오 전쟁에 관한 얘기를 해주면서 나온 말이었다. 우리는 무서워서 아버지의 입만 쳐다보고 있었다. 그러나 아버지는 "전쟁이 일어나면 큰일 나, 다들 열심히 공부해서 나라를 잘 지켜야 해"라는 말로 간단하게 끝냈다. 옆에 계시던 엄마는 피난하면서 죽을뻔한 고비를 넘겼다고도 했다. 아버지는 참전 중이어서 그 당시 서산에 살던 엄마는 외할머니, 외삼촌과 함께 피난길에 오를 수밖에 없었다는 것이다. 아버지가 전사했다는 잘못된 정보에 만삭의 몸으로 낙동강 주변을 뒤졌다며 한숨을 쉬셨다. 사망한 군인의 얼굴을 일일이 확인했다니, 생각만 해도 끔찍한 일이 아닐 수 없다. 그러고 보니 큰오빠의 생일이 천구백오십년 시월 이십 팔일이니까 그 당시에 얼마나 절망적이었을지 상상하기도 힘들었다.

70년이 지난 오늘 우리나라는 세계가 놀랄 정도로 발전했다. 독일에 라인강의 기적이 있다면 우리나라에는 한강의 기적이 있다. 전후에 특유의 국민성으로 열심히 일한 노력의 결실이다. 서울 한복판을 가로지르는 한강을 중심으로 고층빌딩과 아파트들이 들어선 것을 보면 실감 난다. 한강의 기적은 다리건설에 있다고 해도 과언이 아니다. 이쪽과 저쪽이 쉽게 왕래하기 위해 건설되는 다리. 철교를 이용하여 지하철이 운행되는 것을 봐도 다리의 중요성이 이해된다.

사람과 사람 사이에도 눈에 보이지 않는 다리가 있다. 서로를 이해하려면 감정의 다리를 건너야 한다. 남을 이해한다는 것 자체가 힘든 일일 수 있지만 소통은 중요한 과제다. 서로의 거리만큼 감정의 다리 길이가 정해진다고 생각한다. 한강의 다리 건설로 인한 빠른 왕래로 그 지역이 발전했듯이 사람과의 관계도 감정 다리로 빠른 발전을 할 수 있다. 오래 알고 지냈다고 해서 친해지는 것은 아니다. 단기간에 친구가 되는 건 그만큼 감정적으로 잘 통한다는 의미다.

눈에 보이지 않는 다리가 또 있다. 바로 신체와 감정을 이어 주는 다리가 그것이다. 내 경우에 감정이 상해 있으면 신체적으로 불완전함을 느끼는 경우가 많다. 어떤 이유로 인해 화가 나 있을 때 음식을 만들면 맛이 없다. 나의 미각이 정상이 아니기 때문일 것이다. 또 기분이 좋지 않은 상태로 운동을 했을 때 쉽게 지치는 것을 경험한 경우가 있다. 내 감정적인 이유로 인해 원활한 신체활동이 이루어지지 못하기에 그럴 것이다. 이처럼 모든 다리는 중요한 역할을 한다.

"언니, 해리가 무지개 다리를 건넜어!"

6개월 된 강아지가 자동차에 치어 죽었을 때, 동생은 전화를 받는 나에게 울면서 그렇게 말했다. 그때 이후로 애견인들이 자신이 기르던 개가 죽었을 때 그 말을 하는 것을 몇 번 들을 수 있었다. 내 삶이 끝나는 날 나도 다리를 건너야 한다. 야곱이 보았던 천국까지 이르는 사다리가 될지 다른 다리가 될지 알 수 없지만 내게는 제일 중요한 다리다. 그것은 내가 앞으로 파수꾼처럼 지켜야 할 다리다. 하나님과의 소통이 끊기지 않아야 가능한 다리이기에 내게는 너무나 소중하다.

장난감 블록으로 뚝딱 만들 수 있다면 얼마나 좋으랴!

"할머니, 건이는 다리가 필요해. 빨리 만들자."

"하나님! 저도 다리가 필요해요."

보이지 않는 문

보이지 않는 문

"할머니는 너무 피곤해서 방에 들어가서 자야겠다. 내일 만나자."

탁, 소리를 내며 문을 닫고 문틈에 귀를 기울이고 밖의 동정을 살폈다. '내가 너무 심했나?' 잠깐 후회가 됐지만 손자를 집에 보내려면 놀이를 끝내야만 했다. 저녁 9시가 되었는데도 더 놀아야 한다고 고집을 부리는 손자에게 충격 요법을 쓰기로 했다. 징징대던 건이의 소리는 들리지 않고 적막감이 흘렀다. 잠시 후 거실로 나가보니 제 아빠와 집으로 갔는지 아무도 없다.

건이는 노는 걸 좋아한다. 아이들은 모두 똑같다. 문제는 같이 놀아주기가 힘들다는 것이다. 밥 먹는 시간만 빼고는 하루 종일 놀아도 지치지도 않는지 계속 놀자고 한다. 요 며칠 며느리가 아파서 어린이집도 안 가고 우리 집에 데리고 있었는데, 낮잠도 안 자고 노는 통에 몸이 파김치가 된 것처럼 피곤했다. 드디어 오늘 해방되는 날이라서 빨리 보내려고 했는데…….

내가 방문을 닫지 않았다면 따라 들어와서 보챘을 텐데 문이 닫힌 것을 보고 포기했을 것이다. 짠한 마음도 있지만 어린아이의 요구를 다 들어줄 수는 없다. 이것도 교육이야!

문이 닫힌다는 것은 단절이다. 31개월의 아이도 그 의미를 알고 포기한 것을 보면 요즘 아이들의 높은 지능을 짐작할 수 있다.

공간을 나눌 때 문은 필수적이다. 문 없이 분리되는 공간도 있지만 대부분은 문으로 나뉜다. 주택에도 모두가 모이는 주방과 거실을 제외하곤 문이 달려 있다. 개인의 사생활 보호를 위해 꼭 필요한 것이다. 만약 문이 없다면 얼마나 불편할까? 화장실에 문이 없다면? 볼일을 볼 수 없을 정도로 불안할 것이다. 혼자만의 공간을 위한 문은 이런 점에서 안정감을 주기도 한다.

"할머니, 나무가 춤을 춰요."

며칠 전 건이가 베란다 창을 통해 보이는 바깥 풍경을 보고 한 말이었다. 그날은 바람이 거세게 불었고 추웠다.

"밖에 나가서 놀고 싶어요."

"안돼, 오늘은 바람이 너무 불어서 위험해."

건이는 내 말에 아랑곳하지 않고 밖에 나가서 놀자고 떼를 썼다. 날씨에 대해 말을 해줘도 고집을 부렸다. 나는 손자와 베란다로 나갔다. 손자에게 베란다 창문을 열어 보자고 했다.

"같이 여는 거야. 하나, 둘, 세엣!"

손자는 무슨 놀이라도 하는 줄 알고 신이 났다. 문을 열자마자 들이닥친 거센 바람에 아이는 화들짝 놀라며 내 뒤로 몸을 피했다. 이렇듯 문은 바깥세상과 연결된 통로다. 문을 열어야 밖의 기운을 체감할 수 있다.

눈에 보이지 않는 문도 있다. 바로 마음의 문이다. 사람과 사람 사이의 관계, 사람과 동물과의 관계는 교감을 전제로 한다. 물리적인 문처럼 열거나 닫을 수 없기에 보이지 않는 마음의 문을 열어야만 관계를 진전시킬 수 있다. 전에는 우리 라인 주민을 대부분 알았다. 이사를 오면 친해지려고 가까이 다가가기도 했다. 그러나 요즘은 이웃과 친해지기가 쉽지 않다. 물리적인 문을 열기도 어렵고 마음의 문은 더군다나 힘들다. 그래서인지 새로운 이웃이 이사를 와도 예전처럼 가까이 다가가려고 노력하지도 않는다.

우리 라인에는 친절한 이웃이 있다. 아파트 로비의 문을 열려면 비번을 눌러야 하는데, 먼저 들어간 이웃이 뒤를 따라가는 나를 발견하고 잠시 기다려 주는 친절을 베푼다. 나는 비번을 누를 필요 없이 통과할 수 있다. 그 작은 일이 나를 기쁘게 한다. 나는 이웃에게서 친절한 마음의 문을 본다. 이런 경험은 나에게 자극을 준다. 또 다른 이웃을 위해 나도 똑같은 행동을 하게 되니까…….

아이에게 닫힌 문을 보여준 나는 내 마음의 문을 닫은 것과 같다. 이러한 행동은 한 번이면 족하다.

내일이 기다려진다.

'건이야, 어서 와, 보고 싶었어!'

신호등

신호등

“건이는 노란 스쿨버스, 할머니는 무슨 차로 할 거야?”

건이가 오늘도 자동차 놀이를 하자고 한다.

“난 노란 레미콘.”

“안돼, 할머니도 버스 해야지.”

“그럼, 난 큰 스쿨버스로 할래.”

건이와 나는 스쿨버스를 운전하며 거실을 돌아다닌다.

“잠깐, 오늘은 유도관 가는 날이야. 건이는 버스를 운전하는 사람이야.”

“모두 나와서 한 줄로 버스를 타세요, 출바알!”

“할머니 버스도 따라오세요.”

빨간불입니다, 멈추세요. 초록 불이 켜졌습니다, 이제 가도 됩니다 등등. 건이는 잘도 조잘대며 논다. 이렇게 어린아이도 신호등 색의 의미를 알다니, 놀랍기도 하고 한편으로는 기특하기도 하다.

얼마 전 남편 회사의 버스 기사가 사고를 냈단다. 빨간 신호에 멈추지 않고 달리는 바람에 승용차와 충돌하여 자가용 운전자가 병원에 실려 갔다고 했다. 많이 다친 듯 해서 걱정이 되는 모양이다. 버스

기사는 자신은 분명 초록색이라서 갔다고 하여 회사에서는 블랙박스를 확인했는데, 신호등 색을 분간할 수가 없었다고 했다. 회사는 햇빛에 의한 착시현상으로 사고가 난 것으로 결론을 짓고 징계는 하지 않았다고 했다.

뉴스를 보면 매일 자동차 사고가 보도 된다. 사망 사고가 보도되는 날이면 내 맘도 편치가 않다. 운전자의 부주의로 인한 사고가 대다수여서 늘 안타까운 마음이다. 엊그제 건널목에서 신호를 무시하고 달려서 사고를 낸 자동차에 의해 고등학생이 사망했다는 소식에 놀랐다. 더군다나 음주 운전자에 의한 사고라니까 분노가 치밀었다. 신호만 지켰더라면 이러한 사고가 나지 않았을텐데……. 이처럼 자동차는 사람에게 편리한 이동 수단이지만 때에 따라서는 흉기가 되기도 한다.

하늘에는 비행기를 지시해 주는 항공신호가 있다. 항공신호를 보내는 사람을 항공교통관제사라고 한다. 하늘에는 신호등을 설치할 수 없기에 공항의 관제탑에서 항공 조종사들과 무전을 주고받으며 안전 운행을 도와준다고 한다. 하늘의 질서를 책임지는 멋진 직업이라고 생각한다.

등대, 바다의 신호등.

등대는 항구, 섬 그리고 바닷가에 세워진다. 등대는 밤이나 폭풍 속에서 불빛으로 배들을 안내해 주며 안전하게 정박할 부두를 찾아준다. 불빛을 이용해 배를 안내해 주는 등대를 세운 최초의 사람들은 이집트인이다. 기원전 283년, 이집트인들은 이제까지의 등대 중에서 이집트에 가장 높은 등대를 세웠다. 이 등대는 천오백 년이 넘게 배들을 안내했고 높이가 275미터였다고 한다. 우리나라 최초의 등대는 인천 팔미도 등대다. 이 등대는 1903년에 세워졌고, 높이가 7.9미터이다. 전에는 등대지기들이 등대를 관리했다. 등대의 불빛을 밝게 유지하기 위해 렌즈와 창문을 청결하게 닦는 것이 그들의 주된 업무였다. 지금도 바닷가에 가면 종종 등대를 볼 수 있다. 그러나 예전처럼 등대지기가 상주 하는 것이 아니다. 지금은 대부분 무인 등대로 운영한다.

얼마 전에 횡단보도를 건널 때 새로운 신호등을 발견하곤 의아했던 적이 있었다. 검색을 해보니 바닥형 보행 신호등. 스몸비족들의 교통사고 예방을 위해 설치한 바닥 신호등이라니, 재밌기도 하고 씁쓸하기도 하다. '스몸비' 란 스마트폰과 좀비의 합성어로 스마트폰에 몰입해 걷는 사람들을 뜻하는 신조어다. 지하철이나 버스를 타면 사람들이 스마트폰을 들여다보고 있는 모습을 보게 된다. 그런데 요즘은 길에서도 고개를 숙이고 스마트폰을 보며 걷는 사람이 많아서 부딪힐까 염려되어 피하는 경우가 있다. 그들은 앞에 사람이 오는지 전혀 확인도 하지 않고 고개를 푹 숙이고 걷고 있는 경우가 대부분이다. 그러니 이런 신기한 신호등도 생기는 것이 아닌가!

우리 몸에도 신호등이 있다. 신체의 전조 증상을 잘 해석하면 건강한 삶을 영위할 수 있다. 그러나 몸의 신호를 무시하면 큰 문제가 발생할 수 있다.

첫 번째 신호등은 피로. 몸이 피곤하다고 느낄 때는 휴식을 취해야 한다. 피로가 쌓이면 병의 원인이 될 수 있다.

두 번째 신호등은 통증. 몸의 어떤 부분에 통증이 느껴진다면 무리한 일을 하고 있지는 않은지, 상처가 나지는 않았는지 살펴보아야 한다.

세 번째 신호등은 변화. 갑자기 체중이 변했다거나 피부의 색이 변했다거나, 소화가 잘 안된다면 병원을 찾는 것이 좋다. 몸의 변화는 건강 상태를 알려주는 신호이다.

네 번째 신호등은 감정. 스트레스, 불안, 우울 등은 우리 몸에 영향을 준다.

위에 열거한 것 같이 몸이 주는 신호에도 여러 가지가 있다. 그 신호를 알아차린다면 우리는 좀 더 건강한 삶을 누릴 수 있을 것이다.

"할머니 버스도 빨리 오세요. 저 앞에 유도관이 보여요. 이제 도착했어요. 천천히 한 사람씩 내리세요."

건이의 낭랑한 목소리가 딴생각에 빠진 나를 깨운다.

손이 들려주는 이야기

손이 들려주는 이야기

"정옥아, 빨리 와!"

친구가 갑자기 손을 잡아끈다. 나는 별생각 없이 친구를 따라서 이면도로를 재빨리 건넜다. 성질 급한 친구는 초록 신호를 기다릴 여유도 없는지 가끔 나를 당황스럽게 한다.

"네 손은 왜 이리 부드럽지?"라는 친구의 말에 내심 찔린다. 나의 게으름이 탄로 나는 느낌이다. 그러고 보니 친구의 손바닥은 거칠고 딱딱함이 느껴진다.

아이돌보미 교사를 할 때 나는 아이들의 손을 잡고 다니는 것을 좋아했다. 그래서 굳이 손을 잡지 않아도 될 상황에서도 손을 잡고 다녔다. 여자아이들은 손잡고 다니는 것을 좋아했지만, 남자아이들은 손을 뿌리칠 때가 더 많았다. 그런 경우에는 도로에 나갔을 때를 제외하곤 마음껏 다닐 수 있도록 손을 잡지 않았다. 난 조그맣고 부드러운 아이들의 손을 잡고만 있어도 행복했다.

엊그제 저녁이었다.

"할머니, 건이가 선물 갖고 왔어요."라며 앙증맞은 손바닥을 나에게 내밀었다. 목련꽃 잎 한 장.

"와, 너무 예쁘다!" 라며 받았지만, 실은 손자의 손을 보고 한 말이었다. 이처럼 아이의 손은 그 자체만으로도 아름답다.

지난주에 시어머님을 뵈러 갔다. 요양원에 들어가신 지 벌써 3년째다. 작년까지만 해도 나를 알아보셨는데 올해는 몰라본다. 난 어머님 손을 잡고 얘기도 하고 짧은 찬양을 불러드렸다. 아무런 반응이 없는 어머님의 손을 보며 잠시 옛 생각에 젖어 들었다. 어머님은 음식 솜씨가 좋았다. 무엇을 만들어도 맛이 있었다. 특히 명절에만 맛볼 수 있는 황태구이는 별미였다. 우리 큰아들이 좋아해서 넉넉하게 만들어서 싸주시곤 했다.

내가 잡은 어머님의 손은 말라서 뼈가 다 드러나 보였다. 올해 아흔다섯이 되셨으니 당연한 일이지만 그 손을 보니 코끝이 찡했다. 피부의 색이 거무스름해지고 주름이 잡혀 보기 싫어졌지만 내게는 참 귀한 손이다. 그 손으로 내게 두 번의 산후 도움을 주셨으니! 당신 손주라 더욱 정성스럽게 씻겨주신 손이다. 국수 기계에 손가락이 끼는 사고를 당해서 손가락 하나가 약간 짧은 것에 대한 아쉬움을 표현하신 적도 있다. 얼마나 아프셨을까! 부지런한 어머님은 당신 손가락에 반지도 끼지 않으셨다. 음식 만드실 때 걸리적거린다나……. 나에게 어머님 손은 모든 식재료를 맛난 음식으로 변신시키는 마법의 손으로 기억된다.

남편의 손은 손난로다. 그러나 내 손은 예전이나 지금이나 차갑다. 겨울이면 난 남편과 손잡고 걷는 것이 좋았다. 남편의 손은 난로처럼 뜨끈뜨끈했다. 싸운 뒤 냉전이 계속되어도 추운 겨울에 함께 나갈 때는 손을 잡고 걸었다. 남편의 따뜻한 손을 잡고 그렇게 걷다 보면 저절로 내 맘이 풀리곤 했다.

우리 교회 담임 목사님은 손을 잡으면서 인사를 한다. 처음에는 조금 부담스러웠지만 지금은 친근함이 느껴져서 기분이 좋다. 그 많은 사람과 손을 잡으면 손바닥이 닳지 않을까? 라는 엉뚱한 생각도 해본다. 손을 잡으면서 하는 인사는 눈빛 교환과 함께 감정까지도 전달될 가능성이 있다. 이런 면에서 손은 소통의 통로이기도 하다.

친구의 손은 나와는 다른 삶을 보여준다. 깔끔한 성격만큼이나 집 또한 모델하우스라고 부르기에 손색이 없을 정도로 깨끗하다. 작년인 것으로 기억된다. 친구의 초대로 처음으로 집에 방문했을 때 나는 놀랐다. 아파트를 분양할 때 보았던 모델하우스가 그곳에 있었다. 친구는 자기의 집을 간결하고 멋지게 꾸며 놓았다. 친구는 나처럼 아들만 둘이다. 그런데 우리 집과는 비교도 할 수 없을 만큼 깨끗하고 정리가 잘 되어 있었다. 평소에 보이던 까칠한 모습 뒤에 감춰진 내면이 보이는 듯했다. 그때부터 난 이 친구를 본보기로 삼아 우리 집을 가꾸기로 했지만 잘 안됐다. 원래 게으른 성격 탓에 열심을 내기가 쉽지 않았다.

오늘 잡은 친구의 손은 그녀가 살아온 세월을 말하는 듯 거칠고 딱딱한 느낌을 준다. 손바닥의 굳은살은 열심히 일하는 친구의 일상을 알려주는 듯하다. 바깥일과 집안일을 병행하면서도 깨끗한 집을 유지하는 것을 보면 얼마나 완벽한 성격인지 짐작할 수 있다. 나와는 다른 친구의 손.

'친구야, 네 손은 너무나 완벽해!'

나의 오월

나의 오월

오월이다. 계절이 계절이니만큼 초목과 꽃들이 푸르름과 화려함을 뽐낸다. 고양시에서는 연일 꽃박람회를 선전한다. 그렇지만 나는 작년에 친구와 다녀왔기에 올해는 건너뛸 생각이다. 나는 혼잡한 곳이 싫다. 그런 곳에 갔다 오면 며칠이나 후유증을 앓는다.

전에는 오월이면 신경 써야 할 데가 많았다. 우리 아이들, 조카들, 그리고 양가 부모님의 선물 준비로 마음이 분주했다. 그러나 지금은 시어머님 한 분만 계신다. 그나마 요양원에 계시기에 별로 할 일도 없다. 아이들이 다 커버린 최근 몇 해는 그야말로 한가하다고 말할밖에. 어린이날 어떤 선물을 사줘야 할지, 어버이날의 선물은 무엇을 골라야 할지, 선생님 선물은 어떻게 해야 할지, 고민할 필요가 없는 오월이 된 것이다.

"언니, 어버이날에 무슨 선물 받았어?"

두 아들이 초등학생이었던 어느 해 동생의 전화를 받았다. 나는 선물은 무슨 선물이냐며 학교에서 만들었다는 종이꽃 카네이션을 받았다고 대답했다. 그러자 동생은 깔깔거리며 자랑을 늘어놓기 시작했다. 남매를 둔 동생은 어버이날 근사한 상차림을 선물로 받았다고 했다. 초등학생이던 딸의 요리로 맛있는 밥을 먹었다는 것이다. 나는 그런 걸로 자랑하려면 전화도 하지 말라고 심통을 부렸다. 마음속으로는 부러움이 솟아올랐지만. 아들만 둔 나는 상상하기 힘든 일이다.

동생은 그 후로도 기념일이면 딸 자랑을 하기 위해 전화를 했다. 그래서 나는 둔한 아들들을 가르치기 위해 미리 받고 싶은 선물을 말해줬다. 기념일이 다가오면 더 많은 용돈을 주어 선물을 준비할 수 있도록 했다. 어린이날이 먼저여서 그런지 아이들은 우리의 선물을 준비하는 것을 당연하게 느끼는 것 같았다.

큰아들이 고등학생이던 어느 해 아들은 생화로 된 카네이션꽃을 사 왔다. 그런데 생화는 예쁘기는 했지만 금방 시들어 버렸다. 몇 해 전부터 아깝다는 생각에 다음부터는 화분으로 사달라고 말했다. 말 잘 듣는 큰아들은 이듬해부터 꼬박꼬박 카네이션 화분을 사주었다. 그러나 웬걸, 화분도 얼마 가지 않아서 꽃이 다 시들어 버리는 것이 아닌가?

올해는 아무 말도 하지 말아야겠다. 차라리 예전처럼 종이 카네이션이 낫겠다는 생각이 들기도 한다. 변덕스럽기만 한 내가 한심하다는 생각이 들었다.

전에 나도 선물을 고를 때면 고민스러웠다. 내 선물이 마음에 들지 않을 때도 있었을 텐데 언제나 환한 얼굴로 기쁘게 받아 주셨던 어른들의 배려에 새삼 가슴이 아려온다. 내가 어른이 되고 보니 어른 노릇 하기가 더 어렵다.

최근의 2주는 혼돈의 시간이었다. 아파트 입주를 앞두고 둘째네 식구가 우리 집에서 같이 지내게 되었다. 세 살던 아파트의 계약기간이 다 되어서 어쩔 도리 없이 이삿짐센터에 짐을 맡기고 우리 집에서 지내게 되었다. 손자 건이까지 세 식구가 늘었으니 갑자기 집안이 북적댔다. 아들네와 같이 사는 동안 세대 차이를 확연하게 느끼고 경험하는 시간을 보냈다. 아들과 며느리의 일상생활이 적나라하게 드러나는 순간을 경험하며 많은 생각을 하게 되었다. 특히 아들의 무질서한 행동은 나와 남편을 당혹스럽게 했다. 일테면 화장실을 사용한 후에 불을 끄지 않는 행동이나, 서랍 문을 열고는 닫지 않는 것 등등……. 남편은 아들에게는 아무 말도 하지 않았다. 그러나 아들이 없을 때 이런 행동들에 대해 내게 투덜대어 나를 피곤하게 만들었다.

우리 세대는 근검절약에 대해 철저한 교육을 받았다. 그러나 우리 아들 세대는 그렇지 않은 것 같다. 건이의 목욕을 시킬 때면 수돗물을 틀어 놓고 잠글 줄을 모른다. 그것도 온수를!

"그렇게 불만이면 당신이 얘기해. 당신 아들이잖아!"

오늘 아침에도 남편이랑 다퉜다. 애들이 온 집안을 난장판으로 해 놓고 나갔기 때문이다. 안방부터 거실까지 장난감과 옷가지로 어지러웠다. 전에는 건이의 장난감이 어질러져 있어서 내가 투덜대면 "뿌듯하잖아?" 하며 놀리더니, 오늘은 먼저 잔소리다. 남자가 변덕을 부려도 유분수지…….

내일이면 이 상황에서 해방된다는 생각이 들면서 안도의 한숨을 쉰다. 아들네가 제집으로 가게 되어 내가 더 기쁘다. 아이들이 가고 나면 친구와 생태 공원에 다녀와야겠다. 시원한 공기를 마시며 거닐다 보면 내 마음도 가뿐해지겠지?

꽃박람회가 끝나면 호수공원에도 다녀와야겠다. 그때쯤이면 호수공원의 장미정원에 장미꽃이 만발할 것이다.

'그래, 이제부터 나의 오월은 장미야!'

내 가까이에 있는 문학

내 가까이에 있는 문학

손자 건이를 돌보게 되면서 아이 돌보미 교사를 그만두게 되었다. 아쉬움은 남았지만 내게는 손자가 더 귀하게 여겨졌기에 후회는 없었다. 일 년여의 기간 동안 건이와 놀면서 받은 감동은 차곡차곡 내 마음속에 간직해 두었다. 얼마 전에 아들네가 지축동으로 이사를 하여 요즘은 일주일에 한두 번 만나는 것이 전부다. 오늘은 토요일이라서 오려니 기대했는데, 저희끼리 하니랜드에 간다는 연락이 와서 실망스러웠다.

작년 겨울 어느 날 문화센터에서 글쓰기 강좌가 개설되었다는 소식을 들었다. 일기조차도 쓰지 않던 나는 손자 건이와의 소소한 일상이 귀하게 여겨지던 터라 글쓰기를 배우고자 하는 욕심이 생겼다. 건이와의 에피소드를 일기로 남겨놓고 싶어서였다. 나중에 배운 사실이지만, 일기도 수필에 들어간다는 것을 알게 된 후에는 더욱 관심이 많아졌다.

내가 문학을 처음 접한 시기는 아주 어렸을 때였던 것으로 기억된다. 아버지는 집에 계실 때면 언제나 무언가를 읽고 있었다. 내가 다가가면 들어보라는 듯 소리를 내어 읽어주기도 했다. 육 남매나 되는 우리 집에는 책이 많았다. 만화책은 없었지만-아버지는 만화책을 보면 혼을 내셨기에-다른 읽을거리는 얼마든지 있었다. 밖에서 놀기보다는 집에 있는 것을 좋아했던 나는 책을 접할 기회가 많았다. 제목도 생각나지 않는 난해한 책을 읽고는 다 읽었다고 언니에게 자랑했던 기억이 새롭다. 어느 해인가는 오빠가 읽던 삼국지를 밤이 새도록 읽다가 엄마에게 혼이 난 적도 있었다. 엄마 몰래 전집을 다 읽느라고 얼마나 눈치를 봤던지…….

문학의 범주에 있는 시, 소설, 수필 등은 내게는 먼 나라 얘기처럼 어렵게 느껴지는 것들이었다. 그래서인지 글을 쓰려고 시도조차도 하지 않았다. 그랬던 내가 손자 덕분에 훌륭한 스승님을 만나서 수필을 쓰게 된 것이다. 이것은 내 생애에 있어서 큰 사건이라고 말할 수 있다. 문학소녀를 동경하기는 했지만 도전할 엄두도 내지 못했는데……. 언젠가는 문학 할머니가 될 수도 있겠다.

나는 창작활동에 별로 관심이 없었다. 뜨개질과 천으로 옷을 뚝딱 만들어 내는 엄마를 보고 자랐지만 난 잘하지 못한다. 색소폰 동호회, 드론 사진작가 등으로 왕성한 활동을 하는 큰오빠처럼 열심을 내지도 않는다. 분해와 조립에 천재적인 작은오빠와도 닮은 점이 없다. 육십이 넘은 나이에 박사논문을 척척 써내는 언니를 본받으려고 노력도 하지 않는다. 그러나 부모의 좋은 유전자는 나에게도 있겠지……. 그렇다면 내게 주어진 시간 속에서 좀 더 의미 있는 일에 열의를 쏟아야겠다.

며칠 전 제주도에서, 친구 셋과 한라산 둘레길 중의 하나인 사려니숲길을 걸었다. 같이 걸었던 최 권사는 스페인의 산티아고 순례자의 길을 여러 번 걸은 경험이 있는 도보 여행자이다. 그녀는 기회가 될 때마다 순례자의 길을 걷고 싶다고 했다. 그래서인지 남다른 포스가 느껴졌고 일행 중 단연 씩씩해 보였다. 우리의 리더 역할을 자원했고 듬직해 보여서 안심이 되기도 했다. 처음 가보는 곳이었지만 불안하지 않았다. 최 권사가 있었기에.

나는 낯선 곳을 별로 좋아하지 않는다. 겁이 많은 편은 아니지만 익숙한 곳이 좋다. 여행도 가이드가 있는 패키지여행을 좋아한다. 내가 신경 쓰지 않아도 볼거리가 많은 곳으로 안내해 주고, 친절하게 설명까지 해줘서 좋다. 최 권사는 요즘 순례자의 길을 걸었던 여행에 대하여 글로 쓰고 있다. 선생님은 이런 글을 여행수필이라고 하셨다.

어떤 삶을 살고 있든지 그것을 문학으로 표현하는 일은 가능하다. 내가 소중하게 여기고 있는 것을 글로 남긴다면 더욱 의미가 있는 일이라고 생각한다. 최 권사에게는 여행수필이 그러할 것이고, 내게는 건이와의 일상을 수필로 남기는 것이 그렇다.

내게는 어려웠던 문학.

지금 나는 문학이라는 울창한 숲을 거닐고 있다. 너무 거대해 보여서 두려웠던 문학의 숲에서 수필이라는 나무를 가꾸고 있는 느낌이다. 지금은 아주 작은 묘목이지만 잘 키워볼 생각이다. 제주도의 사려니숲에서 보았던, 하늘을 찌를 듯 솟아 있는 삼나무처럼 잘 키울 수 있을지는 모르지만. 먼 훗날 내 삶을 기억하는 누군가는 내 이름을 기억해 주기를 바라면서.

잡초

잡초

"할머니, 여기 민들레꽃 보세요."

건이의 손가락이 가리키는 곳에 노란색 풀꽃이 피어 있다.

"그건 민들레꽃이 아니야."

요즘 건이는 노란색 꽃만 보면 민들레라고 한다. 올봄부터 건이는 민들레 홀씨를 날리는 재미에 푹 빠져 있다. 그래서인지 노란색 꽃이 무척 반가운 모양이다. 따뜻한 날씨 덕분인지 아파트 화단을 가득 채운 무성한 풀들이 앞다퉈 꽃을 피우고 있는 요즘이다. 마침 지나가던 경비원 아저씨가 발걸음을 멈추고 웃음 띤 얼굴로 건이를 바라보고 있다.

"안녕하세요?"

건이의 인사에 소리 내어 웃으시며 당신도 손주가 둘이나 있다고 자랑한다. "얼마 전에 풀을 깎은 것 같은데, 벌써 이렇게 많이 자랐네"라고 하며 발걸음을 재촉하신다.

놀이터 바닥 틈새를 비집고 나온 풀이 눈에 띈다. 바둑판 모양으로 깔린 특수 재질의 틈새에 초록의 풀들이 자라고 있다. 맨땅에 자라는 풀은 그렇다 치고 틈새를 비집고 나오는 풀의 강인함은 놀라울 따름이다. 우리 아파트 미화 담당 아주머니들의 한숨 소리가 들리는 듯하다.

작년 여름 장마가 끝날 즈음이었다. 아파트 현관문을 나서려니까 쭈그리고 앉은 아주머니 한 분이 보였다. 미화 담당 아주머니였다. 보도블록 틈새를 가득 채운 잡초를 제거하느라 여념이 없어 보였다. 해마다 이맘때쯤이면 행해지는 일이다. 우리 동은 다른 데에 비해 앞마당이 넓기에 잡초를 제거하려면 며칠이나 걸리기 일쑤였다. 충분한 물을 먹고 자란 풀의 키가 한 뼘이나 되었다. 맨땅이나 화단에 자란 풀은 예초기로 제거할 수 있지만 틈새를 비집고 나온 풀은 쇠꼬챙이를 이용해서 파내야만 하기에 그 작업이 쉬울 리가 없다. 우선은 한여름 더위에 지친 아주머니를 위해 냉커피 한잔을 타다 드렸다.

다음날 더위가 한풀 꺾인 오후에 완전무장을 한 후 호미 한 자루를 들고 현관문을 나섰다. 마침 아주머니도 없어서 홀가분한 마음으로 풀을 제거하기 시작했다. 그러나 웬걸, 달려드는 모기를 쫓느라 일하기가 힘들었다. 나는 다시 집으로 올라가서 모기 기피제를 온몸에 잔뜩 뿌리고 내려왔다. 열심히 일을 하고 있는데 아이들이 주위에 모여들었다. 내가 하는 일이 재미있어 보였는지 어떤 아이는 나무꼬챙이를 가져왔다. 내 옆에 앉아서 틈새를 파내는 모습이 마냥 귀여웠다. 아이는 금방 지친 듯 꼬챙이를 버리고는 친구와 다시 놀이에 열중했다.

어느 정도의 시간이 지난 후에 같은 동에 사는 젊은 최 집사가 나를 도왔다. 우리는 이런 일에 마음이 맞는다. 다른 이들은 보고도 그냥 지나쳐 버리지만 최 집사는 나와 같은 마음이다. 그 마음이 천사와 같아서 몸이 아픈 시어머님과 친정어머님을 한결같이 모시고 산다. 그 모습을 보노라면 마음이 짠하다. 최 집사와 이런저런 얘기를 하며 힘든 줄도 모르고 일을 하다 보니 주위가 어두워졌다. 두 분 어머님의 저녁을 챙기러 서둘러 올라가는 최 집사를 따라서 나도 집으로 향했다. 남겨진 잡초를 뒤로 한 채…….

민중을 잡초에 비유하여 민초라 칭하기도 한다. 여기저기에 그 수가 많고, 하찮게 여겨지지만 밟혀도 죽지 않고 일어나는 잡초와 같은 민중들의 특성을 강조할 때 주로 사용하는 단어이다. 풀 한 포기는 얼마나 약한가? 그러나 넓은 초원에 함께 어우러져 자라는 풀들은 보기에도 강인해 보인다. 바람이라도 불라치면 서로 어깨동무라도 한 듯 바람이 부는 방향으로 일사불란하게 움직인다. 그 모습에 감탄사가 절로 나오기도 한다. 역사 속의 민중이 또한 그러했다. 백성 한 사람은 너무나 미약한 존재였지만 함께 뭉쳤을 때는 그 힘이 대단했다. 가까이에 있는 행주산성이 그것을 증명한다. 임진왜란 당시 행주대첩을 승리로 이끈 권율 장군의 공을 기념하기 위해 세워진 행주대첩비가 그곳에 있다. 이것이 어디 한 사람의 공이겠는가. 이 전투에서 부녀자들이 앞치마로 돌을 날랐다는 말이 있을 정도로 모두 합심하여 왜군을 물리쳐서 승리했기에 더욱 의미가 깊다. 우리 고장에 이러한 문화재가 있어서 자랑스럽다.

민들레는 잡초로 분류된다. 그렇지만 실제로는 매우 훌륭한 효능을 가지고 있다. 이뇨제이며 다양한 소화 및 신장 질환을 치료하는데 사용된다. 또한 샐러드와 같은 요리에도 사용된다. 독소 제거에도 탁월한 효과가 있다고 한다. 이렇듯 풀인데도 우리에게 유용하게 이용된다. 잡초임에도 건이에게 좋은 놀이 친구가 되어 주고 있다. 나는 건이가 민들레 홀씨를 날리는 모습을 보면 행복하다.

"할머니, 입으로 불지 않아도 돼요. 이렇게 해도 돼요."

민들레 홀씨를 손에 들고 제 몸을 빙그르르 돌리는 건이의 모습에 한 번 더 웃게 된다.

한여름의 캠핑

한여름의 캠핑

"건아, 놀이터에 놀러 가자."

"캠핑 가는 거예요?"

캠핑이라는 말에 나는 그러자고 했다. 며칠 전에 제 부모와 갔던 야영이 생각난 듯했다. 건이는 돗자리를 갖고 가야 한다며 놀이할 때 쓰는 얇은 담요를 꺼내왔다. 나는 약간의 간식거리와 뽀로로 음료를 작은 가방에 챙겼다. 우리는 손을 잡고 놀이터로 향했다. 밖은 더웠지만 건이는 신이 나는지 앙금질을 하며 뛰었다. 놀이터 정자의 마루에 담요를 깔고 앉으니까 시원한 바람이 불어와서 더위가 가셨다. 건이는 가지고 온 과자와 음료를 맛있게 먹었다. 나뭇가지에 앉아 있는 새를 손가락으로 가리키며 신이 나서 조잘거리기도 했다. 마치 새와 대화라도 나누듯이.

두 아들이 초등학생이었을 때 우리 가족은 여름이 되면 캠핑을 했다. 주로 바닷가나 섬, 혹은 계곡을 찾아서 텐트를 치고 야영했다. 아이들은 시간 가는 줄 모르고 놀았다. 노는데 정신 팔린 아이들이 위험한 장난을 치는 것은 아닌지 지켜보는 것이 나의 일과였다. 아침부터 저녁까지 놀고도 성에 차지 않는지 밤에도 더 놀겠다고 고집을 부렸다. 요즘 건이의 행동이 그때와 같다. 낮잠도 자지 않고 논다. 피곤하지도 않은지 갈 시간이 되어도 제 집에 안 가겠다고 고집을 부리기 일쑤다. 저녁을 먹이고 목욕까지 시켰는데도 떼를 쓴다. 잘 구슬려서 보내려면 머리를 써야 한다.

새의 관찰이 시시해질 때쯤 놀이터에 작은 아이가 나타났다. 건이 또래의 남자아이다. 엄마와 놀러 나온 것이다. 마루에 있던 건이의 얼굴에 생기가 돌면서 빨리 내려가려고 서둘렀다. 신발 신는 것을 돕자마자 아이 곁으로 달려갔다. 서로 인사도 안 하고 누가 먼저랄 것도 없이 미끄럼틀로 올라갔다. 한마디 말도 없이 두 아이는 서로 곁눈질을 해가며 잘도 논다. 서로 약간의 거리를 두고 각자의 놀이에 집중하는 모습에 아이 엄마와 나는 마주 보며 웃기도 했다. 한참을 놀다가 건이가 내게로 달려왔다. 물을 달라고 했다. 그 모습을 본 아이도 제 엄마에게로 와서 물을 달라고 했다. 나는 건이의 과자를 보여주며 먹겠냐고 물었다. 고개를 끄덕거리는 아이의 대답에 과자봉지를 꺼냈다. 아이는 손을 내밀었다. 주사위처럼 생긴 과자 몇 개를 아이 손바닥 위에 올려 주었다. 그런데 아이는 한 개만 집은 후 나머지를 내게 돌려주는 것이 아닌가! 욕심 없는 아이의 행동에 웃음이 저절로 나왔다.

운동을 위해 산책로를 따라 걷던 이웃 할머니가 놀이터 가까이 다가왔다.

"할머니, 여긴 놀이터인데 왜 왔어요?"

건이의 물음에 할머니는 웃으며 "운동하러 왔지"라고 말했다. 건이는 "운동?" 하며 고개를 갸우뚱했다. "건이도 트니트니 선생님이랑 운동하잖아?" 라는 내 말에 "아, 그거?" 하며 알아들었다. 할머니는 아이들의 노는 모습을 한참을 바라보다가, 미소를 지으며 산책로를 따라 걸어갔다. 늦은 오후인데도 열기는 수그러지지 않는다. 바람이 불지 않는다면 집에 들어가서 에어컨을 켜야 할 날씨이다. 건이와 놀던 아이가 엄마와 함께 인사를 하고 갔다. 건이는 다시 마루로 올라왔다.

이번에는 개미 관찰이다. 마루 끝에 엎드려 땅을 내려다보며 개미가 향하는 곳을 눈으로 따라가는 것이다.

"할머니, 개미집이 어디야?"

"그야 땅속이지."

땅속에 있는 개미집을 보고 싶어 하는 건이에게 보여 주지 못해 아쉬웠다. 개미집 관찰 키트를 사서 사육을 해야겠다는 생각이 들었다. 건이는 지루해하지도 않고 한참을 엎드린 채로 있었다. 그만 들어가자는 내 말에 꿈쩍도 하지 않는다. 엄마가 와 있을지도 모른다는 말에, 아쉬운지 꾸물대며 몸을 일으켜 세운다. 역시 엄마는 어떤 상황에도 통한다. 정리를 도와 달라는 내 말에 작은 손으로 담요를 개느라 애쓰는 모습이 앙증맞다.

예전에도 나는 두 아들이 노는 모습을 하루 종일 보고 있어도 지겹지 않았다. 건이와의 하루도 비슷하다. 지금은 전보다 여유롭기에 더욱 그렇다. 손자 건이가 노는 모습을 아무리 오래 지켜봐도 지루하지 않다. 오히려 즐겁다. 놀이터에서의 짧은 캠핑이었지만 옛 추억을 떠올릴 수 있어서 행복했다. 잊고 지냈던 두 아들과의 추억이 새록새록 기억난다. 그때는 지금처럼 가슴 벅찬 희열을 느끼지는 못했던 것 같다. 나이가 들어가면서 정서가 메마른 것처럼 느껴질 때가 많았다. 그런데 요즘은 건이가 내 안에 있는 감정을 다시 일어나게 한다. 나에게는 너무나 소중한 존재이기에 아이와의 일상에서 느끼는 기쁨이나 행복의 감정은 더 의미가 깊다.

이 순간을 표현할 수 있는 글이 있어서 다행이다. 보이지 않는 것들을 글로 남겨 놓을 수 있다는 사실이 즐겁다. 손자와의 시간 속에서 얻어지는 느낌을 글로 잘 나타낼 수 있다면 얼마나 좋을까!

러브 버그

러브 버그

“할머니, 빨리 와 보세요. 여기 붉은등우단털파리가 있어요. 움직이지 않아요. 죽은 것 같아요.”

건이가 호들갑을 떨며 주방에 있는 나를 향해 소리친다. 나는 하던 일을 멈추고 베란다로 나갔다. 아무리 바빠도 건이가 부를 때는 만사를 제쳐 놓고 가야 한다. 왜냐하면 내가 갈 때까지 불러댈 테니……. 베란다 창틀에 벌레가 죽어 있다. 방충망이 있어서 들어올 데도 없는데 어디로 들어왔는지 알 수가 없다.

2주쯤 전이었나? 거실에서 놀다가 베란다로 나간 건이가 혼잣말로 뭔가 웅얼거렸다. 나는 무슨 말인가 궁금해서 귀를 기울였는데 도통 알아들을 수가 없었다.

“건아, 지금 뭐라고 하는 거니?”

“붉은등…….”

몇 번을 물어봐도 똑같은 말을 했는데, 무슨 말인지 알 수가 없었다. 나는 아이가 동화책에 나오는 무슨 주문을 외우나보다 생각했다.

며칠 후 아들네가 놀러 왔다. 거실에서 놀던 건이가 캠핑을 하러 간다며 바구니에 이것저것 챙기더니 베란다로 나갔다. 잠시 후 건이의 목소리가 들려왔다. '붉은등……' 라고 외치는 소리였다. 이번에도 제대로 듣지 못한 내가 아들에게 물어보았다. 도대체 뭐라고 하는 건지 모르겠다고.

아들은 얼마 전 놀이터에서 있었던 이야기를 해 주었다. 그날은 놀이터에 많은 벌레가 날아다녔다고 했다. 건이가 벌레를 무서워하자, 옆에 있던 초등학생이 벌레의 이름을 알려주며 무서운 벌레가 아니라고 설명을 해 주었단다. 그날 이후로 건이는 벌레의 이름을 수시로 외웠다고 했다. 그래서 나는 러브 버그의 정식 명칭이 '붉은등우단털파리' 라는 사실을 알게 되었다. 34개월 아이에게 배운 벌레의 이름이다.

'붉은등우단털파리' 는 털파리과 우단털파리아과에 속하는 파리의 한 속으로, 성충이 된 이후 암수가 함께 붙어 다니면서 비행하거나 먹이를 먹고, 밤에는 여러 차례 긴 시간 짝짓기를 하는 것이 특징이기 때문에 벌레 두 마리가 항상 붙어 있어 통칭 사랑 벌레(러브 버그)라고도 불린다고 한다. 사랑 벌레는 독성도 없고, 인간을 물지도 않으며 질병을 옮기지도 않는다. 인간의 관점에서는 오히려 익충으로 볼 수도 있는데, 이 곤충은 썩은 잡초를 먹어 치우고 꽃꿀을 먹고 꽃가루를 옮기는 것으로 수분을 도우므로 환경에 도움이 된다고 한다. 그러나 바퀴벌레를 연상시키는 생김새와 짝짓기를 하며 날아다니는 기괴한 모습, 사람에게 날아드는 습성과 수천수만 마리가 떼를 지어 대량 발생하는 모습이 혐오감을 일으켜 해충 취급을 받는다.

건이와 아파트 현관로비를 지날 때면 수많은 러브 버그가 죽어 있는 것을 볼 수 있다. 그럴 때마다 건이는 붉은등우단털파리가 땅바닥에 죽어 있다면서 매우 안타까워한다. 또 자신에게 날아드는 벌레를 피하면서도, '이건 무서워하지 않아도 되는 거야' 라고 되뇌며 나를 바라보는 모습이 대견해 보인다. 세 살밖에 안 된 아이는 내게 많은 것을 생각하게 한다.

건이는 모기를 싫어한다. 모기가 보이면 도망을 간다. 모기에게 물리면 아프다는 것을 알기 때문이다. 더 어렸을 적에는 모기에게 물릴 때마다 병원을 찾아야 했다. 피부가 알레르기 반응을 일으키면 매우 고통스럽기 때문이었다. 그런데 러브 버그가 자신에게 해가 되지 않는다는 것을 알게 된 후에는 모기와는 다른 반응을 보였다. 무서워하지 않았다.

우리는 보잘것없는 미물인 곤충에게도 인간의 관점에서 익충인지 해충인지 가려서 대처한다. 어린아이조차도 이 기준에 따라 행동이 달라진다는 것이 놀랍다.

빨간색 버스를 만나게 되면 나도 모르게 눈길이 간다. 내가 이용하는 수영장 셔틀버스가 빨간색이기 때문일 것이다. 셔틀버스에서 좋은 언니도 만나고, 새로운 친구도 생긴 나는 그 버스가 고맙다. 그래서 그런지 빨간색 버스만 보면 반가운 생각이 든다. 가끔 눈총을 받는 짓을 하는 사람이 있기는 하지만…….

늘 두 번째 좌석에 앉는 여자가 있다. 남들은 창 쪽에 먼저 자리를 잡지만 그녀는 언제나 복도 쪽 좌석에 앉는다. 처음에는 별생각 없이 바라보았다. 그러나 시간이 지나면서 그녀의 행동을 주시하게 되었다. 그녀는 정류장을 지날 때마다 늘어나는 승객을 모른 척하고는 그 자리를 고수했다. 그러다가 맨 마지막 정류장에서 어떤 여성이 타면 얼른 창 쪽으로 옮겨 앉았다. 자기의 친구를 앉히기 위해서다. 반복되는 이 행동으로 인해, 여자를 바라보는 사람들의 시선이 고울리가 없다. 그 자리를 맡고 있는 여자나 앉는 친구나 둘 다 남에 대한 배려심이 없는 사람들이다. 나이 많은 할머니는 버스 뒤쪽까지 걸어가는 것이 힘들다. 그것을 알면서도 자리를 내주지 않는 행동은 곤충으로 치자면 해충에 가깝다고 해도 과언이 아니다.

결혼 전 성가대 활동을 할 때의 일이다. 성탄절 칸타타를 연습하기 위해 성가대석에 올라갔는데 갑자기 고함소리가 들렸다. 소프라노석에 앉은 두 대원이 싸우는 소리였다. 나이 지긋한 권사가 신입대원에게 호통을 쳤다. "왜 남의 자리에 앉냐?" 고. 상대방도 목청을 높여 소리를 질렀다. "내 자리가 어디 있냐고. 아무 데나 앉으면 되는데 왜 그러냐?" 고……. 둘의 싸움은 그날의 분위기를 망쳤고, 그 후로 나는 그 권사가 무서워서 가까이 가지 않게 되었다.

건이를 통해 또 하나의 진리를 깨닫게 되었다. 해충인 모기를 대할 때와 익충인 붉은등우단털파리를 대할 때의 반응이 다른 아이의 모습에서 나의 내면을 바라보게 된다. 그리고 소망한다. 피하고 싶어 하는 사람이 아닌, 다가오고 싶어 하는 사람이 되기를…….

옥수수 하모니카
옥수수 하모니카

"건아, 할머니 좀 도와줄 수 있니?"

거실에서 티브이를 보고 있는 건이를 향해 소리쳤다. 그러나 건이는 요지부동이다. 들은 척도 하지 않는 건이에게 좀 더 구미가 당기는 내용으로 바꾸어 말했다.

"와! 수염이 정말 길어. 건이가 도와주면 빨리 끝낼 수 있을 것 같아."

이번에는 통했는지 건이는 제가 앉을 의자를 갖고 현관으로 나온다.

어린 시절 강원도 서화에 살았던 나는, 그때 먹었던 옥수수의 맛을 잊을 수가 없다. 친구네 집에 놀러 가면 점심으로 언제나 감자나 옥수수를 먹기 마련이었다. 특별한 날은 술떡을 먹기도 했다. 그래서 그런지 어른이 되어서도 옥수수를 먹을 때마다 그 맛을 회상하게 되었다.

결혼 후에는 시아버님이 가꾼 옥수수를 먹으며 예전의 그 맛을 느끼기도 했다. 여름이면 작고 앙증맞은 찰옥수수를 갖고 오셨는데, 그 맛이 일품이었다. 십 센티미터 정도의 옥수수는 강원도 옥수수만큼이나 구수했다. 자주색 알갱이가 간간이 박혀 있어서 보기에도 좋았다. 우리 아이들도 좋아해서 옥수수를 삶은 날에는 입 주위가 지저분해지기 일쑤였다.

건이는 의자를 내 옆에 가지런히 놓고는 옥수수 하나를 집는다. 옥수수껍질을 벗기면서 곁눈질로 건이의 모습을 지켜보니 가관이다. 엄지와 검지로 수염을 한 가닥 두 가닥 조심스럽게 끄집어낸다. 제 손이 더러워지는 것을 싫어하는 건이의 성격이 드러나는 모습이다. 나는 수염을 한꺼번에 잡고 뜯어내는 시범을 보여주면서 "이렇게 하면 돼"라고 말했다. 옥수수와 한동안 실랑이를 벌이던 건이가 "할머니, 옥수수가 먹고 싶어요. 빨리 주세요"라며 일어선다. 옥수수를 삶으려면 한 시간여가 필요한데 큰일이다. 아이가 그 시간 동안 기다리는 것은 힘들 것이다. 그때 마침 냉장고에 삶은 옥수수 한 개를 넣어두었던 일이 생각났다. 어제 아파트 이웃이 몇 개를 가져와서 함께 먹고 남은 것을 넣어두었다. 오늘 배송된 옥수수도 어제와 같은 것이다. 이웃의 언니가 강원도 홍천에 살면서 직접 재배한 것이라고 해서 주문했는데, 하루 만에 배달되었다.

하던 일을 멈추고 건이를 위해 렌지에 옥수수를 넣어 돌렸다. 삼분이면 충분했다. 뜨거워진 옥수수를 담기 위해 쟁반을 꺼냈더니 건이도 냉큼 다른 쟁반을 꺼낸다. "할머니, 쟁반에는 떨어뜨려도 돼요"라며. 깔끔한 건이다운 생각에 웃음이 났다.

우리는 작은 상을 펼쳤다. 건이는 뜨거우면 먹지 못하니까 얼른 식으라고 옥수수알을 뜯어서 접시에 올려 주었다. 아이스크림 숟가락으로 떠서 '후후' 불면서 먹는 건이의 모습이 귀여운지, 아들은 핸드폰으로 사진을 찍는다. 어느 정도 먹은 건이가 손가락으로 옥수수 알을 헤집는다.

"할머니, 여기 보세요. 네모가 됐어요"

접시 위에 옥수수알 네 개가 모여 있다.

"옥수수알 네 개로 네모를 만들었구나. 건이는 뭐든지 잘하네!" 라는 내 말에 기분이 좋은지 다른 모양을 만들기 위해 옥수수알을 만지작거린다.

우리 아기 불고 노는 하모니카는
옥수수를 가지고서 만들었어요
옥수수알 길게 두 줄 남겨 가지고
우리 아기 하모니카 불고 있어요
도레미파 솔라시도 소리가 안 나
도미솔도 도솔미도 말로 하지요

옥수수알을 뜯고 있으려니 어릴 적 부르던 노래가 생각났다. 초등학교 음악 교과서에 실려 있던 노래다. 옥수수를 먹으면서 부르던 거라서 지금도 기억난다. 흥미로운 사실은 요즘 동요는 금방 잊어버리지만 어릴 때 즐겨 불렀던 노래는 그렇지 않다는 것이다.

건이가 모르는 노래를 내가 흥얼거리면, 무슨 노래라며 묻는다. 어떤 노래는 흥미롭게 들리는지 다시 불러 달라고 한다. 노래를 빨리 배우는 건이가 내가 부른 멜로디를 흥얼거린다. 요즘은 애국가에 빠져서 자주 부르는 것을 볼 수 있다. 가사 중에 '화려강산' 이라는 단어가 어려운지 몇 번이나 고쳐 부르는 모습에 기특하다는 생각도 든다.

오늘 건이는 내가 부르는 노래를 따라 부른다. 어느결에 마라카스를 찾아 들고 장단을 맞추면서.

'우리 아기 불고 노는 하모니카는…….'

여름의 한복판에서

여름의 한복판에서

맴맴 매앰~

귓전을 때리는 듯한 소리에 몸을 뒤척이며 무거운 눈을 억지로 떴다. 벌써 며칠째 이와 같은 상황이 계속되고 있다. 더군다나 오늘은 열어 놓은 창문의 방충망에 매미 한 마리가 붙어서 울어대니 귀가 아플 정도로 시끄럽다. 아직 새벽임에도 매미들의 울음소리가 사방에서 들린다. 매미들의 극성에 장마도 그 힘을 잃어버릴 것 같다. 앞으로는 땡볕이 맹위를 떨치리라 예상되는 시점이기도 하다. 하긴 매미도 긴 여정의 마침표를 찍기 위해 화려한 날갯짓을 할 때다.

엊그제 건이와 나갔을 때 현관 앞 땅 위에 죽어 있는 매미를 발견했다. 건이가 "할머니, 매미가 왜 땅에 있어요?"라며 물었다. 나는 "매미가 죽을 때가 되어서 땅에 떨어져 죽은 거야"라고 말했다. 그러자 건이는 "왜 죽어요?"라며 알 수 없는 표정을 지었다. 어린아이가 죽음에 대해 이해할 수 없는 일이기에 어떻게 설명을 해줘야 할지 나는 막막하기만 했다.

예전에 건이와 똑같은 질문을 한 아이가 있었다. 내가 아이돌보미 교사로 재직 중일 때 돌본 네 살배기 여자아이였다. 세아라는 이름을 가진 아이는 식물이나 곤충에 관심이 많았다. 어린이집에서 집까지 가려면 20분쯤 되는 거리를 걸어야 하는데 길가에는 화단이 조성되어 있어서 나무, 화초, 곤충 등이 많았다. 그때는 한여름이었는데 지금처럼 매미 소리가 사방에서 들렸다. 세아와 나는 거미줄을 발견할 때마다 거미를 찾는 놀이를 했다. 우리는 커다란 나무에서 허물 벗은 매미의 버려진 껍데기를 찾아 헤매며 시간을 보내기도 했다. 어떤 날은 운 좋게도 우화羽化하는 매미의 모습을 지켜볼 수 있었다.

그러던 어느 날 우리는 땅 위에서 퍼덕이는 매미 한 마리를 발견했다. 세아는 나에게 물었다. 왜 매미가 땅에 떨어져 있냐고. 나는 건이에게 대답한 것과 같은 말을 해주었다. 그러자 세아는 매미 앞에 앉으며 말했다. "매미야, 여기 있으면 안 돼, 빨리 나무 위로 가"라고. 그때 나뭇가지를 찾아 들고 기운을 차리라는 듯 매미를 건드리던 세아의 눈에 눈물이 맺히는 것을 볼 수 있었다. 그 모습에 나도 마음이 뭉클해졌다. 천진난만한 아이의 말 한마디가 내 마음에 파문을 일으키고 있었다. 나는 세아에게 모든 곤충은 태어나면 죽는 것이라고, 동물이나 사람도 마찬가지라는 얘기를 해주었다. 어린아이가 이해할 수는 없겠지만…….

여름의 한복판에서 만나는 매미는 나에게 시사하는 바가 크다. 뜨거운 여름을 반기는 사람은 별로 없지만 매미는 이 계절을 반기는 동물 중 하나다. 겨우 한 달여의 화려한 삶을 위해 땅속에서 몇 년이나 기다린다는 점에서 인내의 본보기를 보여준다. 종족 보존의 임무를 완수하고자 짝짓기를 위해 밤낮없이 울어대는 매미 소리는 너무나 커서 사방에 메아리친다. 짧은 기간 동안 그 일을 해내기 위해 온몸을 바치는 매미의 일생은 나름대로 가치가 있다. 세아와 처음 발견한 우화한 성충 매미는 날개 색이 너무나 아름다웠다. 파란빛을 띤 연두색의 날개는 너무도 얇아서 앉아 있던 나뭇잎의 잎맥이 보일 정도로 하늘거렸다. 날개를 말리는 시간도 몇 시간이나 걸린다고 하니 매미에게는 삶의 순간순간이 위험한 순간이요, 기다림의 연속이다. 그 몇 년을 기다림에도 불구하고, 성충 매미로서의 삶은 길어야 한 달이라니!

"할머니, 매미를 나무에 올려 주세요"라는 건이의 말에 나는 "매미가 이미 죽어서 나무에 붙어 있을 수가 없어"라고 말해 줬다. 파리나 모기는 파리채로 잡는 것을 아무렇지도 않게 여기는 건이가 매미의 죽음에 대해 신경을 쓰는 것이 신기하다. 예전의 세아가 그랬던 것처럼…….

장마가 끝난 뒤의 여름은 그 기세를 더욱 떨칠 것이다. 그리고 다음 계절에 그 자리를 넘겨주기 전까지 제 임무에 충실하리라.

많은 학교가 방학 중이라 그런지 요즘 수영장에서 어린이들을 자주 볼 수 있다. 어른들만 있던 시간에 아이들의 경쾌한 목소리가 활력소를 불어 넣고 있다. 건이도 내년쯤이면 수영장에 데리고 갈 수 있겠다는 생각에 벌써 기분이 좋아진다.

건이는 물놀이를 좋아한다. 우리 집 베란다에는 건이를 위한 이동식 풀이 있다. 작년 여름에도 건이는 베란다에서 신나게 놀았다. 이제 장마도 끝나가니 이동식 풀에 바람을 넣어야 할 때다. 볼풀공도 어디에 두었는지 찾아봐야겠는데……. 매미의 합창 소리에 건이는 더욱 홍이 나겠지?

맴맴 매앰~

세발 자전거

세발 자전거

"할머니이~"

"어서와, 건이야"

반가움을 나타내려는 듯 말꼬리를 길게 빼는 건이의 낭랑한 목소리에 주방에서 거실 쪽으로 나가는 내 마음도 설렜다. 두 주 만에 보는 손자의 얼굴이었다.

"할머니, 건이는 세발자전거를 탈 줄 알아요."

"어이쿠, 이제 자전거도 타는구나. 건이는 뭐든지 잘하는구나."

나는 상기된 목소리로 뽐내는 손자를 칭찬하며 어루만져 주었다. 외할머니댁에 다녀온 건이는 주절주절 이야기보따리를 풀어 놓았다. 우리의 대화를 듣던 며느리도 "어머니, 건이가 고구마줄기나물을 어찌나 좋아하던지 다 먹기가 무섭게 할머니가 또 만들어 주셨어요"라고 했다. 그랬다. 건이는 그 나물을 잘 먹었다.

건이가 광주에 가기 며칠 전 우리 집에 놀러 왔을 때, 나는 남편과 함께 고구마 줄기를 벗기고 있었다. 전날 친구네 밭에서 따온 것이었다. 놀이 삼아 건이에게 같이 하자고 했다. 재미있어 보이는지 건이는 내 옆에 앉아서 앙증맞은 손으로 고구마 줄기 한 개를 집었다.

"이렇게 하면 잘 벗겨져" 라며 나는 줄기의 중간 부분을 부러뜨리며 시범을 보여 주었다. 그러나 건이는 줄기의 끝부분부터 까더니 기다란 껍질을 남겼다.

"아빠, 나는 이렇게 길게 할 수 있어요"

제 아빠의 칭찬에 신이 난 건이는 일이 끝날 때까지 길게 까느라고 애를 썼다.

저녁 반찬으로 놓인 고구마 줄기 나물의 맛을 본 건이는 맛있다며 잘 먹었다. 건이는 뭐든지 잘 먹는 편이지만, 식구들은 '이건 뭐지?' 라는 반응이었다. 아무도 말은 안 했지만 모두 의아해하는 분위기였다. 내가 돌본 아이들은 대개 나물 종류를 좋아하지 않았기에 나도 의외였다. 내심으로는 '제가 다듬은 고구마 줄기로 만든 음식이라서 의무감으로 먹는 것이 아닐까?' 라는 의구심이 들었다. 그리고 어른들의 칭찬에 고무되어 반복적으로 먹게 되다 보니 그 맛에 빠지게 되었다고 추측했다.

이 사건이 계기가 되어, 외할머니 댁에서도 고구마줄기나물을 자꾸 달라고 하는 통에 안사돈이 나물 요리를 자주 했다고 한다. 건이의 고구마줄기나물에 대한 사랑이 언제 끝날지 알 수 없다는 며느리의 말에 우리는 한바탕 웃음꽃을 피웠다.

지구 온난화의 현상으로 올여름은 그 어느 때보다 뜨겁다. 광주도 더웠는지 건이는 실내에서 많이 지냈다고 한다. 며느리가 찍어 보낸 동영상 중에 외할머니댁 거실에서 자전거 타는 영상이 있는데 보는 사람마다 웃음을 자아내는 모습이 담겨 있었다.

"한 발 앞으로, 한 발 뒤로" 를 반복하여 외치며 세발자전거를 타는 건이의 모습은, 마치 과거의 교련 연습을 연상케 하는 장면이었다. 남편은 그 광경이 재미있는지 매일 보면서 즐거워했다.

아들네가 광주에서 우리 집으로 온 날, 건이는 나에게 손가락 네 개를 펴 보이며 그만큼 자고 가겠다고 했다. 그 귀여운 손짓에 또 한 번 거실이 웃음소리로 채워졌다. 오랜만에 우리 집에 온 건이는 한껏 들떠서 노래도 하고 춤도 추었다.

저녁 식사가 끝난 후 건이는 제 엄마에게 집에 가라고 했다. 자기는 네 밤을 자고 간다고도 했다. 엄마와 기분 좋게 헤어진 건이는 나에게 "할머니, 캠핑하러 가자"라고 했다. "어디로 갈까?"라는 내 말에 캠핑할 장소를 고르려고 여기저기를 기웃거리던 건이가 삼촌 방이 좋겠다고 했다. 그 방은 따로 에어컨이 설치되어 있어서 우리 집에서 제일 시원한 방이기도 했다. 캠핑 도구를 잔뜩 챙긴 건이가 나에게도 몇 가지 물건을 부탁하고는 빨리 가자고 재촉했다.

주일날 아침 제 아빠 옆에서 잠자는 건이를 두고 나는 먼저 교회로 갔다. 가브리엘 성가대는 8시에 연습이 시작되기에 서둘러야 했다. 예배를 마치고 약간의 봉사로 시간을 보낸 나는 12시쯤 유아부실로 향했다. 그때쯤이면 유아부 예배도 끝났을 터였다.

건이는 무엇을 하고 있을까? 마침 간식 시간이 되었는지, 구운 달걀을 먹고 있는 아이들의 모습이 보였다. 가까이 다가가는 내 모습에 건이는 먹고 있던 달걀을 보여 주며 두 개째라고 했다. 옆에 있던 아들은 점심을 먹지 않고 건이와 제 집에 간다고 했다.

"건아, 네 밤 자고 간다고 했잖아?"

"엄마가 건이 보고 싶어 할 것 같아요"

나와 아들은 서로를 보며 웃었다. 세 살 된 아이의 변명치고는 기발하다.

우리 아이들의 성장 과정을 돌이켜보면, 세 살이 되는 해에는 세발자전거를 사 줬다. 그때는 그 또래가 있는 집에는 모두 세발자전거가 있었다. 건이도 세 살이니 지금 세발자전거를 타기에 꼭 맞는 시기이다. 안사돈이 잊지 않고 광주에 그것을 준비해 놓고 있었다니 감사할 따름이다. 그러나 기차로 와야 해서 아쉽게도 가지고 오지 못했다고 한다. 다음 달 삼 일이면 건이가 세 돌이 된다. 생일 선물로 당장 세발자전거를 사줘야겠다.

예전과는 달리 요즘 아이들은 자전거를 타기 전에 킥보드를 먼저 탄다. 건이도 걷기가 능숙해졌을 때부터 킥보드를 탔다. 세상은 나날이 발전하고 있다. 내가 따라가기 힘들 정도로 빠른 속도로 변하고 있다. 그렇지만 나는 아직도 킥보드보다는 세발자전거에 정이 간다. 나의 두 아들이 어렸을 때 즐겨 탔던 것이기에……. 그 아이들의 어린 시절이 그리워진다.

세 살은 세발자전거야!

제2부

이창경

▲여행길에서

욥기 8장 7절의 말씀처럼

친구의 권유로 우연히 시작한 일이 생각지도 않게 커져 버렸네요. 이 또한 하나님의 인도하심이라는 믿음으로 자꾸 뒷걸음질 치려는 저 자신을 멈춰 세웁니다.

네 시작은 미약하였으나 네 나중은 심히 창대하리라는 욥기 8장 7절의 말씀처럼 우리들의 인생은 하나님께서 주시는 은혜와 기쁨으로 충만할 것이라고 믿습니다.

습작을 늘 애정 어린 시선으로 격려해주시는 정수남 선생님께 감사의 마음을 전합니다. 글쓰기를 배우는 친구들에게도 함께여서 늘 고맙다고 말하고 싶습니다.

그리고 감히 예측할 수도 없는 하나님의 섭리하심을 다시 한번 느낍니다.

이 창 경

새로운 세계로 나 있는 문

새로운 세계로 나 있는 문

교회 문화센터의 센터장으로 있는 친구로부터 연락을 받았다. 이번에 새로 글쓰기 수업이 개설되었는데 들어 보지 않겠냐는 권유였다. 대학에서 국어국문학을 전공하였다고는 하나 평소에 글을 쓴다는 것에 대해 전혀 생각하지 않고 지내왔기 때문에 순간 망설여졌다. 망설이는 나에게 친구는 '한 주에 수요일 오후 3시, 딱 한 시간 동안' 이고 자기도 듣고 있으니 함께 하자고 했다. 친구 따라 강남 간다고, 다소 가벼운 마음으로 그렇게 글쓰기 수업에 참석하게 되었다. 호기심이 발동하기도 하였고…….

막상 첫날 수업에 참석했을 때 예상했던 것과 사뭇 분위기가 다르다는 것을 알 수 있었다. 1984년 서울신문 신춘문예로 등단하신 소설가 정수남 선생님이 글쓰기 수업의 강사로 오셨다. 글감을 선생님이 미리 한 주 전에 내주시면 우리는 그 주의 주제에 맞는 글을 수필 형식으로 써간다. 각자 써 온 본인의 글을 읽고 난 후 선생님이 문법이나 문체, 원고지 쓰기 등, 소위 글을 쓰는 행위 전반에 걸친 기본적인 것을 알려 주셨다. 처음 예상했던 대로 '가벼운 마음으로 대충할' 수는 없겠다 하는 무게감이 느껴졌다.

'아! 이 분위기 뭐지? 다른 할 일도 많은데 큰일 났네…….'

한 주가 왜 이렇게 빨리 가는 것인지 어떤 날은 수업 시간 몇 시간 전까지 한 줄도 쓰지 못하고 있다가 갑자기 드는 생각을 후다닥 써서 가기도 하였다.

첫 번째 수업에서 느꼈던 '취미로 할 수 있는 영역 밖이겠다' 하는 계산적인 우려와는 반대로 글을 쓰고 있으면 몰입이 되었다. 잠깐인 것 같은데 시간이 훌쩍 지나가 있기 일쑤였다. 흔히 글 쓰는 분들이 하는 '창작의 고통' 이라는 말을 많이 들어 본 것 같은데 몇 번 안 써봐서인지 아직 고통스럽지는 않다. 오히려 몰입하는 재미가 있다. 그렇지 않았다면 지금껏 이러고 있을 이유가 없지 않은가? 물론 처음이라 아무 부담이 없어서겠지.

글쓰기를 시작하면서 변화된 생활 모습 중 하나는 허투루 소모되는 시간이 없어졌다는 것이다. 시간이 날 때마다 뭔가를 읽고 있고 쓰고 있다. 그리고 삶이 단순해졌다. 일과시간에는 일하고 살림하는데 필요한 최소한의 시간을 할애한 후 나머지 시간에는 읽고 생각하고 쓰는 생활을 반복하고 있다.

절친한 중학교 동창이 몇 년 전부터 글을 써서 각종 문예지 공모전에 보냈다. 글을 쓴다고 한 지 얼마 되지도 않아서 작은 문예지에 장려상으로 입상하기도 하여 분위기가 꽤 고무적이었다. 그 친구는 영문과를 졸업한 후 유학하고 와서 국내 유명 영어 회화 학원 강사로 평생을 지냈다. 퇴직하고 새로운 세계에 도전하는 친구를 나 또한 적극적으로 응원했었다. 그러나 최근에 물어보니 글 쓴다고 오래 앉아 있어 허리 병도 생겼고, 눈도 많이 안 좋아져서 현재는 글 쓰는 것을 잠정적으로 쉬는 상태라고 했다. 나는 그 친구에 비하면 이제 시작하는 단계이지만 요 몇 달 써본 경험으로 볼 때 그 친구의 어려움에 일견 공감이 가기도 한다.

글을 쓴다는 것이 나에게는 큰 산처럼 느껴진다. 지금 나의 상태는 높고 험한 산을 등산하기 위하여 산의 입구에 도착하기는커녕 아직 집에서 출발도 하지 않은 상태이다. 신발 끈을 동여매는 상황이라고나 할까?

그러나 출발하기 전부터 거대한 산의 위엄에 질려 등산 자체를 망설이고 있는 내 모습을 본다. 생각보다 글쓰기는 시간이 많이 들어가는 일이다. 나는 아직 나의 본업과 새롭게 시도하는 글쓰기 사이의 균형을 잡지 못하고 있다. 글쓰기에 얼마만큼의 시간을 투자할지 결정하지 못했다는 것이 솔직한 고백일 것이다.

단지 우연히든 필연이든 새로운 세계로 나 있는 문을 열어젖혔다는 것만은 확실하다. 인생의 의미 있는 전환점이 올 때마다 늘 그래왔듯이 일단 한 발짝씩 내디뎌 보자. 그렇게 하루하루 걷다 보면 혹시 아는가? 미처 내가 상상하지 못했던 어딘가에 닿아 있을지…….

앞으로 글 쓰는 일과 관련하여 무엇을 얼마큼 경험하게 될지 벌써 가슴이 두근거린다.

너의 색깔

너의 색깔

'오늘은 꼭 해결해야지' 여동생과 압구정동 현대백화점을 들어서며 생각한다. 대기업에 근무하는 제부가 이번에 임원으로 승진했다. 그녀는 다음 주 화요일에 남편과 신년하례회에 가야 한다고 했다. 승진한 임원들이 부부 동반해서 회장님과 만나는 자리이다. 어려운 모임에 뭘 입고 참석해야 할지 큰일 났다면서 나에게 도움을 요청했다. 평소 패션에는 관심이 없는 동생이 옷을 좋아하고 관심도 많은 나에게 조언을 구한 것이다. 처음 받아보는 동생의 이런 부탁을 모른 척하고 싶지 않았다. 동생에게 적당한 것을 골라 줄 자신도 있었다.

어제는 동생과 명동 롯데백화점에 갔다. 점잖고 튀지 않으면서도 너무 평범하지는 않은 옷을 찾아야 했다. '정장을 입으면 되겠군. 바지정장보다는 치마 정장이 낫겠어. 색깔은 회색이나 검은색이 튀지 않고 좋겠지?

매일 우중충한 사무실에만 틀어박혀 지내다가 졸지에 조명이 휘황찬란한 백화점 나들이라니……. 이곳에 온 목적은 잠시 뒤로하고 마냥 기분이 좋아진다. 평일 낮의 백화점 풍경은 그야말로 별천지가 따로 없다. 아이들을 학교에 보내고 삼삼오오 팔짱을 낀 채 여유 시간을 보내는 아줌마들 틈에서 나는 과연 어떤 옷이 동생에게 적당할지 계속 머리를 굴리고 있었다.

어제 첫 번째 들른 가게에서 맨 처음 입어본 옷은 짙은 회색 치마 정장이었다. 그다음엔 밝은 회색을 입어 봤다. 그다음 가게로 갔다. 이번엔 회색 바탕에 검은색 줄무늬가 들어간 플레어스커트 정장이다. 치마 밑단의 한쪽이 언밸런스 스타일이고 다소 두꺼워 보이는 벨트로 가는 허리를 강조한 옷이다.

금박의 화려한 꽃이 달린 치마 정장도 있었다. 금장 단추가 달린 검은색 벨벳 상의와 한 벌이다. 얇은 벨트로 맵시를 살린 이 옷을 입은 동생의 모습은 모델이라고 해도 손색이 없어 보인다. 평소에 수수한 아줌마의 모습인 동생이 막상 조명 아래 화려한 옷을 입고 서 있으니 내가 모르는 사람처럼 낯설다. 우선 이 옷을 찜해 놓고 다시 이동했다.

옷을 보러 다니는 일도 쉬운 일이 아니었다. 다리도 슬슬 아프기 시작하고 무릎도 쑤시고. 그 후로도 여러 가게를 다닌 끝에 밝은 베이지색 투피스와 아까 입어 봤던 검은색 벨벳 정장, "그 둘 중의 하나를 네가 알아서 선택하라" 하고 동생과 헤어졌다.

그리고 오늘 아침 출근하여 어떤 옷으로 결정했는지 궁금하여 전화를 해보니 아직 선택을 못한 채 애꿎은 시간만 흘려보내고 있었다. 동생은 아마도 멘붕이 온 듯했다. 아무 대책이 없어 보였다. 그리하여 어쩔 수 없이 오늘 또 서울행을 하게 된 것이다.

반나절을 더 돌아다녔지만 뾰족한 수가 없었다. 검은색 벨벳이냐, 베이지색 투피스냐…….

옷의 스타일이나 맵시는 둘 다 각각의 다른 매력으로 충분히 아름다웠다. 결국, 동생은 베이지색 투피스 안에 스킨색 실크 블라우스를 입는 것으로 최종 선택을 하였다.

검은색 벨벳과 금장식의 화려함에 잠깐 압도되기도 했지만, 막상 베이지색 투피스로 결정하고 나니 흐뭇한 마음마저 들었다. 정신 줄을 놓게 하는 화려함은 아니지만, 은은하며 우아한 베이지색 정장은 동생의 분위기와도 잘 어울렸다. 그녀를 최고로 아름답게 만들어 주기에 부족함이 없었다.

그러고 보니 나도 결혼 전 직장생활 할 때 베이지색 정장을 즐겨 입었던 기억이 난다. 베이지색이 나의 피부색에 잘 어울렸었기 때문이리라. 자매에게 비슷한 색이 잘 어울리는 것은 당연한 일일지도 모르겠다.

동생에게 베이지색이 잘 어울렸듯이 사람에게는 자기에게 가장 잘 어울리는 색깔이 있다. 누군가에게 잘 어울린다고 하여 나에게도 잘 어울리는 것은 아닐 테고, 반대로 누군가에게 잘 어울리지 않는 색도 나에게는 잘 어울릴 수도 있고……. 누구나 자신에게 잘 어울리는 색깔을 찾아내서 자연스럽게 꾸몄을 때 가장 빛난다.

반짝이는 동생의 모습을 떠올리며 나도 모르게 입가에 미소가 번진다.

능곡 이야기

능곡 이야기

능곡교회 문화센터의 다음 주 글쓰기 주제는 '우리 동네' 이다. '우리 동네' 하면 떠오르는 것을 글로 적어 보는 것이겠지? 우리 동네라……. 순간 혼란스러운 느낌이 든다. 과연 우리 동네는 마두동일까 토당동일까? 매일 일과를 마치고 퇴근하는 곳, 가족과 식사도 하고, 쉬고, 잠들고 하는 곳이 마두동이니까 마두동이 우리 동네겠지? 그러나 왠지 마음의 거리로는 토당동이 우리 동네라는 생각이 든다.

나는 스물네 살 겨울에 결혼하면서 남편의 본가인 능곡에 살게 되었다. 장손을 데리고 살아야 한다는 시할머니의 엄명에 시아버지와 남편이 순종한 결과였다. 나 또한 어려서부터 대가족이 한 집에서 북적거리며 살아가는 것에 대해 좋게 생각했기 때문에 가능한 일이기도 했다. 이렇게 해서 인연을 맺게 된 곳 토당동. 행정구역상으로는 토당동이지만 동네 사람들은 이곳을 '능곡' 이라고 부른다.

결혼 전에는 이웃에게 관심이 없어서 바로 옆집에 누가 살고 있는지도 모르는 곳에서 살았다. 서울은 각자 살아내기도 바빠서 익명성이 보장된 곳이다. 그러나 능곡은 지나다니는 사람과 비록 얘기를 나눈 적이 없어도 그 사람이 누군지 대충 알 수 있을 정도로 작고 조용한 동네였다. 조용하다 못해 다소 적막하게까지 느껴지는 이곳에서 살게 되었을 때의 첫 느낌은 쫓기듯 바삐 살아가지 않는 여유로움이었다. 남편이 태어나고 자라 온 곳이어서 더욱 그렇게 느꼈는지도 모르겠다.

내가 오 씨네 새로 시집온 며느리라는 것을 동네 분들은 다 알고 있었는데 나 혼자만 그 사실을 모르고 친정에서 살 때처럼 거리낌 없이 행동하며 철없는 시절을 보냈다. 나중에 이런 사실을 알고 나서는 그동안 내가 동네 슈퍼나 빵집에 드나들면서 무심결에라도 손가락질 받을만한 행동을 한 것은 아닌지 혼자 얼굴을 붉히기도 했다.

서른을 넘기고 능곡에 익숙해질 즈음 IMF가 닥쳤다. 직장생활하면서 주식에도 손을 댔던 남편이 IMF로 인해 타격을 입게 되었다. 자의 반 타의 반 나 또한 살림살이에 보탬이 되고자 일을 시작하였다. 졸업하고 잠깐 직장생활을 하다가 바로 결혼하여 시댁에 적응하고 아이 키우느라 10년이 금세 흘러가 버렸다. 이렇다 할 기술도 없었던 상황에서 갑자기 바깥세상으로 나오게 되면서 수많은 시행착오를 겪었다.

그 무렵에 우리가 살던 집이 아파트를 신축하기 위한 재개발 지역에 들어가게 되었고 그렇게 우리 가족은 일산으로 이사를 했다. 이사하고 보니까 그곳은 계획도시답게 도로가 넓고 거리도 깨끗하였다. 평평하고 반듯반듯하게 정비된 일산신도시는 어린아이를 키우며 젊은 엄마들이 살아가기에 필요한 모든 것을 갖추고 있다 해도 과언이 아니었다.

그러나 나의 사업장은 능곡에 있었기 때문에 눈만 뜨면 나는 돈을 벌기 위하여 또다시 능곡으로 왔다. 그리고 하루의 거의 모든 시간을 능곡에서 보내야 했다. 동네 전체가 뉴타운 재개발 사업지역으로 묶여있어 능곡에는 새로 건물을 지을 수 없었다. 곳곳에 문제가 생겨도 금방 허물어질 집이라면서 내버려 두어 동네는 점점 더 낙후되어갔다.

여름이면 물이 새는 집의 주인들은 보수하느라 애를 먹었다. 겨울이 되면 비탈길이 빙판으로 변하여 차가 올라가지 못하고 미끄러지는 사고가 나기 일쑤였다. 젊은 엄마들은 자녀가 어렸을 때 잠깐 이곳에서 살다가 아이가 학교에 들어갈 때쯤이면 다들 서울로, 신도시로 빠져나갔다. 이러다가 동네에 노인들만 남게 되는 것은 아닌가 하는 걱정까지 되었다.

내가 마흔 살쯤 되었을 때 남편이 실직한 후 짧지 않은 시간을 백수로 지냈다. 아줌마 가장은 아침마다 마치 전쟁터에 나가는 심정으로 능곡으로 출근하여 하루하루를 더욱 치열하게 보내야 했다. 경험도 부족하고 인격적으로도 미숙하여 매사 좌충우돌이었다.

누군가에게 나의 걱정거리를 털어놓기도 마땅치 않아 혼자 고민하는 시간이 많아졌다. 그때마다 동네 사람들과 소통하면서 그분들로부터 세상 살아가는 지혜를 배울 수 있었던 것은 나에게 큰 행운이었다. 비록 처음에는 업무상으로 만나게 되었으나 여러모로 부족하기만 한 나를 그분들이 믿어주었다. 그리고 긴 세월 동안 변함없이 나의 사업장을 찾아준 덕분으로 나는 이만큼이나마 성장할 수 있었다. 그리고 이 생각을 할 때마다 그분들에게 항상 감사한 마음이 든다.

능곡은 이제 곳곳에 아파트가 건설되면서 신축 아파트촌으로 거

듭나고 있다. 좁고 지저분했던 도로도 넓고 깨끗하게 정비되어 가고 있고 그곳에 사는 사람들도 젊고 새로운 얼굴들로 채워지고 있다. 예전의 모습은 점차 없어지고 바야흐로 대변신을 코앞에 두고 있다.

결국, 능곡의 옛 모습은 우리의 기억 속으로 사라질 것이다. 그러나 이곳은 나의 아이들을 키워낸 곳이고 나를 성장시켜 준 곳이다. 그래서 더욱 고맙고 정이 든 능곡은 진정한 우리 동네로 두고두고 나의 마음속에 간직될 것이다.

오래된 친구

오래된 친구

1989년 3월 중순 무렵의 일이었다. 나는 대학을 졸업한 후 마땅한 일자리를 찾지 못한 채 독서실에 틀어박혀 공무원 시험 준비를 하고 있었다. 이런 나에게 아버지는 친구가 총무부장으로 재직하고 있는 작은 회사에 이력서를 내보라고 하셨다. 대학 공부까지 마친 큰딸이 이제는 돈을 벌어 제 앞가림이라도 하겠거니 기대했다가 또 공부한다며 빈둥대는 것이 걱정되었을 것도 같다.

엉겁결에 나는 떠밀리듯 그 회사에 입사하게 되었다. 지금 생각하면 웃지 못할 일이다. 나의 적성이나 전공과는 전혀 어울리지 않는 비서직으로 가게 되었으니 말이다. 나중에 들은 얘기지만 등 떠밀어 놓고 아버지는 친구분에게 당신의 딸이 그 일을 하기는 하느냐고 물었다고 한다.

두 달 정도 지났을까? 총무과에 남자 직원이 새로 들어왔다. 점심시간이 되어 식당에 가고 있는데 그 새로 온 직원이 내 앞에서 걷고 있었다. 순간 나도 모르게 손에 들려 있던 열쇠뭉치를 휘휘 돌렸다. 짤랑거리는 소리에 그 남자가 뒤를 돌아봤다.

"어, 식사 가세요?"

"네"

"같이 갈까요?"

"그럼, 그러죠 ……"

못 이기는 척 함께 식당을 향해 걸었다.

그 남자는 능곡이라는 곳에서 서울역까지 기차를 타고 출퇴근한다고 했다. 엉뚱하게 회사 다니기 싫다는 묻지도 않은 말도 했다. '입사한 지 얼마나 되었다고 다니기 싫다고 할까? 희한한 사람이군.' 하고 의아하게 생각했다. 같은 회사 직원일 뿐이기는 했지만, 이 남자는 내가 그때까지 만나본 몇몇 남자들과는 분위기가 사뭇 달랐다.

보통 남자 직원에게 무거운 복사지 뭉치를 옮겨달라는 부탁을 하면 잽싸게 알아서 부탁을 들어주곤 하는데 이 사람은 허리가 아프다 뭐다 하면서 나의 부탁을 거절했다. 이런 남자의 언행이 당황스럽기도 했고, 참 여러모로 이상한 사람이라고 생각했다.

점심을 한 번 했다는 이유였는지 몰라도 복도에서 마주치기라도 하면 천연덕스럽게 "미스리! 커피나 한잔하러 갈까요?" 했다. 농담인지 진담인지 모를 이 남자의 장난 같은 언사에 정색하며 화를 내기도 뭣했다. 그래서 나 또한 아무렇지 않다는 듯 매번 장난처럼 받아치며 에둘러 거절했다. 그러나 포기하지 않고 나와 얼굴만 마주치면 커피를 마시자고 했다. 나중에는 서로 농담처럼 커피 얘기를 빌미로 몇 마디씩이나마 대화를 주고받게 되었다. 물론 나는 이 사람과 커피를 마실 생각은 전혀 없었다.

6월이 되어 회사에서 단합대회 겸 마석리로 야유회를 가게 되었다. 도착하자마자 강가 자갈밭에 돗자리를 깔고 간단한 게임을 하였다. 준비해 간 점심을 먹은 후 다 같이 오후 일정을 기다리며 하릴없이 강물을 바라보고 있었다. 그때 남자 직원 중 누군가가 강을 향해 물수제비를 떴다. 딱히 할 일도 없이 뻘쭘하게 여기저기 서 있던 남자 직원들이 하나둘씩 자갈을 집어 들더니 강을 향해 돌을 던졌다. 무심코 그 광경을 보고 있던 내게 매번 커피 마시자고 하던 직원이 눈에 들어왔다. 날렵하게 강을 향해 몸을 던지는 모습이었다. 자기가 제일 멀리 던졌다며 자랑삼아 떠드는 모습은 여전한데 그때부터 내게는 그 사람이 뭔가 달라 보이기 시작했던 것 같다. 야유회를 다녀온 후 '저 남자가 나에게 언제 커피를 마시자고 할까?' 하고 기다리게 되었던 것을 보면…….

며칠이 지나고 또 농담처럼 나에게 커피를 마시자는 말에 냉큼 그러자고 했더니 저쪽에서 오히려 놀라는 눈치였다. 동숭동 대학로 쪽으로 가기 위해 지하철을 함께 탔다. 사람들로 붐비는 지하철에 나란히 서서 그 남자의 옆얼굴을 살짝 보았다. 엄청 낯설었다. 그제야 지금 내가 무슨 짓을 한 거지? 하는 생각이 들었다. 당혹스러운 나의 마음을 아는지 모르는지 지하철은 줄기차게 달리고 있었다.

나는 그날 커피 대신 동숭동 어느 술집에서 술을 마시고 있었고, 그 남자는 나를 집에 데려다준다며 택시에 함께 탔다. 택시 뒷자리에서 입맞춤도 했던 것 같다. 다음 날 아침 어제의 '사고'를 어떻게 할까, 고민했다. '그냥 모른 척할까?' 딱히 답을 내리지 못한 채 출근했는데 대뜸,

"어제 일 기억나요?" 한다.

순간 나도 모르게

"네" 했다.

"그럼 됐어요."

그 남자가 대답했다.

그날 이후로 그 남자는 지금까지 내 곁에서 평생의 친구가 되어 주었다. 낳아준 부모님 곁에서 24년을 지냈고, 이 남자와 35년을 함께 했으니 인연 중에서도 나에게는 단연 최고의 인연인 셈이다. 사실 결혼을 결정할 때 이 남자를 사랑한다는 이유 외에 결혼생활에 대해 큰 기대를 하지 않았다. 그런데도 지금껏 나에게 남편으로서의 예의를 다해 준 이 남자를 생각하면 나는 운이 좋은 사람인 것 같다. 나보다 세 살이나 많은 오빠지만 나는 지금껏 한 번도 이 남자에게 오빠라고 불러본 적이 없다. 애교도 없고 빳빳하기만 한 나를 언제나 따뜻한 마음으로 감싸주는 이 친구 곁에서 나이 들어갈 수 있음이 감사하다.

말하고 싶은 비밀

말하고 싶은 비밀

아침에 일어나면 가장 먼저 침대맡에 앉아 잠깐 기도한다. '지난 밤 자는 동안 지켜주신 것 감사합니다. 오늘 좋은 날씨 주신 것 감사합니다. 오늘 하루 잘 지낼 수 있도록 도와주소서' 대강 이런 내용이다.

내가 어릴 때 어머니는 세 딸을 데리고 한 시간을 걸어서 교회에 다녔다. 교회에 가는 시간이 우리에게는 재미있는 놀이였다. 걸으면서 노래도 부르고 길옆에 있는 꽃이나 벌레 등 뭔가 발견하면 그것을 보느라 한참을 지체하기도 했다. 그러다 보니까 시간이 더 걸렸을 수도 있다. 먼 거리이기도 했지만……. 지금은 치매로 인해 정상적으로 성경을 읽거나 기도하는 것이 힘들어 보이지만, 가끔 정신이 맑을 때 어머니는 늘 '너희들을 위해 기도한다.' 라는 말을 빼놓지 않는다.

어릴 적 할머니 집에 여름방학 때 놀러 가면 새벽마다 할머니는 잠든 내 곁에서 이부자리를 옆으로 치우고 앉아 기도했던 기억이 난다. 잠결이라 내용은 들리지 않았지만, 할머니의 기도는 하루도 빠지지 않았다. 지금 나 또한 매일 하루를 기도로 시작하고 잠들기 전에도 기도를 빼먹지 않으려고 노력한다. 노력하는 게 아니라 자연스럽게 기도가 나온다. 진심으로 감사한 마음이니까.

감사라는 것은 기쁘고 행복한 일에 나오는 거겠지? 불행 앞에서 감사하는 마음이 나올 수는 없는 일일 것이다. 그런데 기도는 그것을 가능하게 한다. 기도하다 보면 감사할 것이 없어 보이는 요즘의 나에게 감사할 제목이 나온다. 베풀어주신 모든 것에 대한 감사이다. 인간적인 마음만으로는 불가능한 일이다. 미치지 않고서야 불행한 현실을 주신 것에 대해 감사하다고 생각할 수 없는 일이기 때문이다. 그러나 기도는 불가능한 것을 가능하게 하는 마력이 있다. 기도하는 것으로 힘든 현실을 견딜 수 있고, 벽처럼 느껴지는 환경 속에서도 앞으로 나아가게 하는 실마리가 되기도 한다.

외할머니는 자주 기도원에 가셨다. 내가 따라갔던 기억은 없지만, 할머니로부터 '기도원' 이라는 단어를 늘 접했기 때문에, 기도원에 대한 마음의 거리가 가깝다. 언제부터인가 마음에 고민이 쌓일 때 혼자 잠깐씩 파주에 있는 오산리 기도원에 다녀온다. 그런 장소가 가까운 곳에 있다는 것은 하나님이 나에게 주신 선물이다.

오산리기도원은 집에서 출발하여 자동차로 삼사십 분이면 도착한다. 특별한 일이 없어도 가끔 간다. 한 해를 시작하는 1월 1일이나, 여름 휴가철에 모두가 여행을 떠나고 나도 어디론가 떠나고 싶을 때도 간다. 처음에는 혼자 갔었지만, 언제부터인가 친구와 동행할 때도 있고 이제는 아들이 다 커서 따라오고 싶어 할 때는 함께 다녀오기도 한다.

기도원에 갈 때마다 고민하던 것을 해결하고 오는 경험을 많이 했다. 말로 표현할 수 없는 경험이라 겪어봐야 무슨 말인지 알 것이다. 마음이 소진되어 앞으로 나아갈 수 없을 때 방전된 배터리를 100% 채우듯이 충만해져서 돌아오는 경험을 한두 번 하다 보면 또다시 기도원을 찾을 수밖에 없다.

세상은 온통 어떻게 하면 부자가 될 수 있는지에 관심이 가 있다. 서로가 앞다투어 부자가 되기 위해 고군분투하는 거대한 행렬에서 문득 '이게 맞나?' 하는 생각이 들 때가 있다. 이런 물음에 대한 답은 '기도'라고 말하고 싶다. 기도는 논리적으로 설명할 수 없는 세계와 만나는 일이다. 그래서 기나긴 삶의 여정에서 잠시 방황하더라도 포기하지 않고 기도하는 사람은 결국 제 길을 찾아갈 수 있다고 생각한다. 어떻게 사는 것이 맞는지에 대한 답 또한 쉽게 찾을 수 있음은 물론이다.

실제로 아이들을 키우면서 지금까지 아이에게 고민이 있어 보일 때마다 몇 가지 엄마로서 할 수 있는 조언을 한 뒤에는 늘 기도하라고 말해주었다. 근본적으로 문제를 해결할 방법은 기도하는 것밖에 없다는 것에 대해 경험을 통해 잘 알고 있기 때문이다. 다만 하나 아쉬운 것은 아이들이 아주 어렸을 적부터 아이들의 손을 잡고 소리 내어 기도하지 못했다는 것이다. 그때는 아이와 손잡고 기도하는 일이 어색하고 부끄럽게 느껴졌기 때문이다. 나 또한 믿음의 깊이가 거기까지였다는 것을 인정할 수밖에 없다. 그래서 지금 그때로 돌아갈 수만 있다면 어린 아들의 조막만 한 손을 잡고 함께 기도하고 싶다.

감사하게도 아들은 서른 초반이지만 기도의 기적을 조금이나마 알게 된 것 같다. 자연스럽게 자기가 고민되는 일을 놓고 '기도했다' 라고 나에게 고백하는 것을 보면……. 기도의 체험이 많아질수록 그 애의 인생 또한 단단해지리라는 것을 알고 있다. 나의 믿음이 할머니들로부터 어머니를 거쳐 나에게 전해져 왔듯 기적을 이루어내는 기도의 비밀 또한 할머니들로부터 나를 거쳐 아들로 내려갔다. 그리고 이제 곧 태어날 손녀에게로 이어질 것이다.

이러한 기도의 힘이 더는 우리만의 비밀이 안 되도록 내가 만나는 누구에게든지 알려주고 싶다. 오랫동안 자신을 괴롭혀 온 마음의 상처를 놓고, 혹은 노력해도 나아지지 않는 자신의 상황으로 인해 좌절하는 사람의 하소연을 들을 때가 있다. 그때마다 선뜻 말을 꺼내기가 조심스러워서 또는 '감히 내가 뭐라고 남에게 이래라저래라 하나' 하며 자제했다.

그러나 그런 나만의 판단으로 포기할 일이 아니라는 생각이 든다. 조용한 혼자만의 장소에서 겸손히 두 손 모아 기도하는 것을 통해 전혀 상상할 수 없는 인생의 답을 꼭 찾게 될 것이라고 이제부터라도 용기 있게 말해야겠다.

빨간불만 들어오는 날

빨간불만 들어오는 날

출근할 때 집에서부터 사무실에 도착할 때까지 대략 20개의 신호등을 지나치게 된다. 어떤 날은 예약된 손님과의 약속 시각이 빠듯해서 '늦으면 어쩌나' 하며 긴장하고 출발하지만 신호등을 지나칠 때마다 파란불로 바뀐다. 이런 날은 출발할 때의 우려를 깨고 여유 있게 시간 내에 도착할 수 있다. 그러나 또 어떤 날은 평소보다 일찍 출발했으나 신호등을 지날 때마다 공교롭게도 빨간색으로 바뀌는 바람에 계속하여 멈췄다가 다시 출발하는 것을 반복하다 보면 약속 시각을 맞추지 못할까 봐 애를 태우게 되기도 한다.

일사불란하게 신호등이 파란색으로 바뀌는 날은 어쩐 일인지 그날 하루의 일정 또한 술술 풀리는 것 같다. 반대로 아침부터 빨간불만 계속되는 날에는 출근하면서부터 언짢은 일이 생기기 시작하여 퇴근할 때까지 일진이 사나운 경우가 많다.

일정한 규칙을 찾을 수 있는 것도 아니다. 나에게는 별다를 것 없이 지극히 평범한 하루일 뿐이다. 그러나 어떤 날은 만사가 술술 풀리는가 하면 또 어느 날은 계속 답답하게 막히기만 한다. 늘 같은 길로 20년 이상 출근과 퇴근을 반복하고 있지만 이런 일이 일어나는 원인은 아직 잘 모르겠다.

언제부터인가 이 상황이 우리가 살아가는 모습과도 비슷하다고 생각하게 되었다. 우연의 연속이라고 하기에는 신기할 정도로 일정한 패턴이 느껴진다. 혹시 우리가 알 수 없는 거대한 운명의 법칙이 있어 우리는 단지 거기에 끌려다니고 있는 것은 아닌지?

어떤 아이는 필요한 것이 완벽하게 갖춰진 금수저 집안에 태어났다. 부모님도 높은 교육을 받은 사람이다. 그런가 하면 또 다른 아이는 그저 '태어났을' 뿐인데 미성숙한 부모 아래 열악한 환경 가운데 놓였다. 좋은 환경에서 태어난 아이는 질 높은 교육을 받고 사회적으로 인정받는 직업을 선택한다. 훌륭한 배우자를 만나 별다른 고생 없이 한평생을 행복하게 살 다 갈 확률이 높다. 반대의 경우는 말할 것도 없이 힘들고 고통스러운 삶을 악전고투하며 살아갈 확률 또한 높다.

미국의 중산층 가정에 태어난 사람도 있지만, 아프리카의 최고 빈민국에서도 빈민층 가정에 태어난 아이도 있다. TV에서는 영양실조로 목숨이 경각에 달린 아이 영상을 보여주며 도움의 손길을 호소한다. 아프리카의 가난한 가정에 태어날 때 그 아이에게 선택권이 있었겠는가!

내가 출근하는 어떤 하루처럼 '내 인생은 계속하여 꽉 막히기만 한다' 라고 생각하는 사람이 있다. 오늘 단 하루만이 그 사람이 살 수 있는 생애 전체라고 가정하면, '오늘은 매번 빨간불이지만 내일은 어쩌면 파란불만 이어질지도 모른다. 그러니까 당신도 희망을 품어라.' 라는 식의 메시지는 허무한 말장난처럼 들리지 않을까? 요즘 젊은이들 사이에 자주 쓰이는 '이번 생은 망했다' 라는 말 또한 우스갯소리로 넘겨버리기에는 그들의 현실이 너무 절망적인 경우가 허다하다.

일점일획도 틀림이 없는 하나님이 이 세상 만물을 다스리신다는데 왜 우리가 살아가는 모습은 이렇게 공평치가 않을까? 대단한 노력 없이도 매사에 무탈하게 흘러가는 인생이 있는가 하면, 달리 무슨 큰 죄를 지은 적도 없지만 박복하기 그지없는 인생이 있다. 이것 또한 신의 뜻이라면 빨간불만 계속 이어지는 신호등처럼 고난이 연속되는 삶을 부여받은 자에게는 너무 가혹하고 억울한 일이 아닐지…….

'애초에 신은 없었고 이 세상에 벌어지는 모든 일은 그저 우연일 뿐이다. 운이 좋은 것에 설명이 필요 없듯이 운이 나쁜 것이 무슨 이유가 있겠는가?' 라고 생각하고 삶에 대한 열정을 포기한다면? 이 또한 주인이 없는 텅빈 산처럼 공허하게 느껴질 뿐이다. 우리가 살아가는 복잡다단한 세상을 명쾌하게 설명한다는 것은 처음부터 불가능한 일인지도 모르겠다.

그러나 피조물인 우리가 자신의 운명을 창조해 낼 수는 없지만, 우리에게 주어지는 상황을 바라보는 시선은 선택할 수 있다. 그래서 지금 나에게 주어진 것을 있는 그대로 내 것으로 끌어안으려는 마음이 귀하다. 흔한 말로 '중요한 것은 꺾이지 않는 마음' 이라고 하지 않는가. 설사 깜깜한 동굴 속에 있다고 하여도 마음 안의 작은 빛에 집중하려 노력한다면 어떤 어둠도 이겨낼 수 있는 큰 힘이 된다.

설사 빨간불이 계속되는 상황에서라도 나의 마음이 환경에 휘둘리지 않고 평정심을 유지하는 쪽을 선택한다면 행복의 기회는 언젠

가는 올 것이기 때문이다. 인내하고 기다렸지만 끝내 파란불이 들어오지 않고 이번 생이 끝난다고 해도 그동안 스스로 만족했다면 그 자체로 충만한 삶이었다고 할 수 있지 않을까?

신은 사랑하는 우리에게 가장 좋은 것을 주신다고 한다. 지금 내 앞의 현실이 그분이 보시기에는 나에게 가장 좋은 것이라는 믿음, 잔인하지만 이것이 우리 피조물에 주어진 유일한 구원 이어 보인다.

며느리와 떠나는 여행

며느리와 떠나는 여행

아들 내외와 작년 겨울에 강릉에 다녀왔는데 올해 6월에는 속초행이다. 며느리가 일정을 짜고 숙소를 예약했다면서 함께 가자고 했다. 다음 달이 산달이라 몸도 무거울 텐데 이런 마음을 쓰는 며느리가 기특하게 여겨졌다. 나는 결혼한 후 지금껏 시부모님과 함께 살아왔지만 모시고 매년 1월 1일에 기도원에 다녀오는 것 외에 어딜 함께 가시자고 해보지 않았다. 그러나 우리 집에 새 가족이 된 지 불과 3년밖에 안 된 나의 며느리는 곧잘 우리에게 식사 모임도 제안하고 이번처럼 1박 하고 오는 여행을 가자고도 했다. 대놓고 칭찬은 하지 않았지만, 나는 이런 며느리가 이쁘다.

주변에 보면 주기적으로 여행을 떠나야 하는 사람이 꽤 있다. '아. 스트레스 쌓여서 어디라도 갔다 와야겠다.' 든지 '지금쯤은 여행을 갔다 왔어야 했는데 못 가고 있다.' 혹은 '나는 1년에 분기별로 네 번은 꼭 어딘가 갔다 온다. 그래야 다시 살아갈 수가 있다.' 등 이런 말을 들을 때마다 '아니 왜 편안한 집 놔두고 돈 들이고 시간 들여서 꼭 어딜 다녀와야 다시 살아갈 힘이 생긴다는 것일까? 원래 돌아다니는 것을 좋아하는 사람이고 그래서 놀러 가고 싶으니까 저런 식으로 둘러대는 걸 거야' 라고 나 혼자 짐작하곤 했다.

남편은 역마살이라도 낀 사람처럼 젊었을 때부터 한시도 집에 있지 못하고 어디든지 쏘다니는 것을 좋아했다. 운전하는 것도 좋아해서 장거리로 갈 때도 나는 그냥 옆에 앉아있기만 했다. 운전하는 거 힘들지 않냐고 미안한 마음에 물어보면 자기는 운전하면서 복잡했던 생각을 정리한다고 했다. 남편이 운전하는 것을 좋아하니까 그렇지 나는 필요할 때만 어쩔 수 없이 한다. 나는 운전해서 조금 먼 거리를 가야 하는 때는 다녀오고 나면 전신이 쑤신다. 운전하는 동안 긴장하고 있었기 때문일 것이다. 내가 어딜 가자고 할 사이도 없이 늘 남편이 먼저 나서니까 내가 어디론가 떠나는 것을 좋아하는 사람이라고 생각해 본 적이 없다. 필요성을 느끼기도 전에 남편이 선수를 쳤기 때문이다.

일산에서 출발해서 속초까지는 예전 아이들이 어릴 때 해수욕장에 데리고 갈 때만 해도 기본 네 시간 이상 꼬박 걸렸다. 그러나 새로 경춘고속도로가 뚫리면서 길이 막히지 않으면 2시간 반 만에도 갈 수 있게 되었다. 이번엔 토요일이라서인지 속초까지 네 시간이나 걸렸다.

올해 환갑이 된 남편은 운전하는 것도 예전 같지 않다. 티를 내지 않으려고 노력하는 듯하지만, 확실히 예전보다는 힘들어 보인다. 그래도 다행히 아이들과 만나기로 했던 4시경에 속초에 도착할 수 있었다.

청초호가 바라다보이는 호텔 방에 간단한 짐을 풀고 나와서 아들 내외와 앞서거니 뒤서거니 하며 걷다 보니까 속초 중앙시장이다. 나는 재래시장 둘러보는 것을 좋아해서 여기저기 기웃거리며 걸었다. 며느리가 이곳에서 유명한 닭강정을 사야 한다고 했다. 아이들이 줄 서서 닭강정을 사는 동안 남편과 나는 복잡한 시장통에 서서 기다렸다. 닭강정은 몇 년 전에 남편과 와서 먹어본 적이 있다. 굳이 맛에 대해 평가한다면 '우리 동네 닭강정 집에서 바로 만들어 주는 따끈따끈한 것이 더 맛있다' 였다. 그러나 애써 일정을 준비한 며느리에게는 말하지 않았다. 요즘 사람들 사이에서 인기가 좋은 닭강정을 시부모에게도 맛보여주고 싶어 했을 며느리를 생각하니 모른 척하는 것이 낫겠다고 판단했다.

오른쪽으로 난 좁은 골목에 작은 글씨로 '헌책방' 이라고 써놓은 간판을 용케도 발견했다. 반가운 마음에 들어서니까 계산대에 앉은 젊은 남자가 "책 사러 오셨어요?" 한다.

"네." 했더니 "여기 책방 아니에요. 사진관이에요." 하고 무미건조하게 대답한다. 순간 사진관인지 책방인지도 구분하지 못하고 들어온 것이 민망해 얼른 나왔다. 따라 들어오던 며느리가 영문도 모른 채 따라 나온다. 나와서 다시 보니까 '헌책방' 이라고 입간판에 붉은색 글씨로 크게 써놓고 옆에 아주 작은 글씨로 '셀프사진관' 이라고 붙여놓았다. '누구든 그런 간판을 보면 착각할 수 있었을 텐데 지레 나이 든 사람의 자격지심으로 무안해했구나!' 하는 생각이 들었다.

따지고 보면 내 탓이라고 할 수 없는 일에도 무턱대고 나이 든 내 잘못이라고 치부할 만큼 나도 나이를 먹었나 보다. 옛 어른들이 나이 들면 알아도 모른 척 들어도 못 들은 척하는 거라고 할 때마다 나이 먹은 것도 서러운데 알고도 모른 척해야 한다면 너무 슬프겠다고 생각했다. 그런데 '내가 벌써 그것을 경험하고 있나?' 하는 생각으로 마음이 가라앉았다. 별것도 아닌 일에 내가 너무 심각하게 생각하는 건가? 모처럼 여행 와서 다들 설레는 표정인데 망치고 싶지 않아 또 모른 척 넘어갔다.

시장은 이미 지역 사람을 위한 기능은 상실한 듯했다. 넘쳐나는 관광객들의 구미에 맞게 인터넷에서 소문난 닭강정과 꽈배기 등만을 주로 팔고 있어서 시장이라기보다는 관광상품을 파는 곳이 되어있었다. 재래시장 구석구석을 구경하는 재미를 기대하고 온 나 같은 사람에게는 쓴웃음만 나오는 광경이었지만 이런 생각은 집어치우자. 멀리서부터 왔고 온 가족이 함께 있는 것만으로도 행복한 시간이니까.

시장을 빠르게 돌아 나오면서 시장 어귀에 있는 셀프사진관에서 넷이 사진도 찍었다. 요즘 애들은 만나면 놀이 삼아 찍는 듯했지만, 나는 아주 오래전에 증명사진이 급히 필요해서 지하철역에서 찍은 후로는 처음이었다. 자동으로 찍히는 타이밍에 맞춰 순간적으로 다른 표정을 지어보는 경험도 재미있었다. 금방 인화되어 나온 네 컷짜리 사진을 들여다보니 나는 영락없는 시어머니 모습이다.

저녁은 며느리가 미리 후기를 확인하고 예약해 두었던 횟집에서 먹었다. 호텔로 돌아와 우리 방에 모여 시장에서 샀던 닭강정을 먹으며 잠시 놀다가 아들 내외는 자기들 방으로 갔다.

다음 날 아침 8시에 호텔 2층 식당에서 다시 만났다. 여행 가면 조식을 먹는 재미도 쏠쏠하다. 다 아는 맛이고 나는 평소에는 아침을 먹지도 않는다. 그러나 낯선 장소에서 이른 아침에 모르는 사람들 사이에 섞여 이것저것 음식을 둘러보는 재미가 있다. 식사하면서 며느리가 오늘의 일정을 알려주었다. 조식 후 방에 올라가서 잠깐 쉬었다가 11시에 체크아웃을 한다. 그리고 바닷가 커피숍에 들렀다가 짜장면을 먹고 각자 서울로 출발할 예정이라고 했다.

낙산 해수욕장 앞에 있는 커피숍은 3층 건물 전체에 가득 찬 손님으로 북새통을 이루고 있었다. 며느리는 이 집 빵이 맛있다고 소문이 나서 사람이 많다고 했다. 커피를 주문하고 소금빵과 몇 개의 다른 빵을 사서 2층으로 올라갔다. 오가는 사람들을 뚫고 아들이 빈자리를 찾아서 미리 잡아 놓은 곳에 앉았다.

예전에 남편에게 차 마시러 커피숍에 가자고 하면 집에서 먹으면 되지 굳이 그 돈을 내고 왜 그런데 가서 커피를 마시냐면서 가지 않았다. 지금 자신이 질색하는 시끄러운 소리와 수많은 사람 사이에 끼어 앉아 아들 며느리와 얘기하고 있는 남편의 표정이 무척 밝다. 이 시간을 즐기고 있는 듯했다. '이 사람도 많이 변했구나!' 하는 생각이 들었다. 나 또한 아무 시름없이 떠들고 있는 그 시간이 행복했다.

한 시간 동안 줄을 서서 기다렸다가 먹은 '교동짬뽕' 은 다들 반응이 시원치 않았다. 그렇지만 절대 어디 가서 줄 서서 먹는 일이 없는 남편이 군말 없이 그 시간을 기다렸다는 것만 생각해도 그 또한 재미있는 기억으로 남을만하다.

이번에 며느리가 제안하지 않았어도 남편에게 어디라도 갔다 오자고 할 참이었다. 그래야 점점 내 속에 차오르는 '화' 를 삭일 수 있겠다고 생각했다. 마침 며느리와 떠났던 여행은 소소한 시간의 연속이었지만, 아이들과 함께 다니는 사이에 내 속에 차 있던 화가 어느새 사라진 것을 느꼈다.

그리고 예전에 내가 오해했던 '어딘가 떠나고 싶어 했던' 사람들에 대한 오해도 풀렸다. 그 사람들에게도 일상으로부터 탈출할 시간이 꼭 필요했겠다. 잠깐이라도 떠나있지 않으면 죽을 것 같이 힘들었을지도 모를 일이다.

어쩌면 나는 굳이 여행으로 삶의 고통을 떨쳐버리지 않아도 될 만큼 지금까지 꽤 괜찮은 인생을 살고 있었나 보다. 내년 이맘때쯤 손주와 함께할 여행을 벌써 기대하고 있다.

풀
풀

어제까지 비가 내렸지만, 오늘 제주는 날이 개었다. 비 온 뒤 구름을 살짝 머금은 하늘이 청량하다. 버스가 내려놓고 가버린 숲길은 고요하기만 했다. 숲의 초입에 서서 가슴이 설레는 것을 느꼈다. 어릴 적 아버지가 크리스마스에 사 오신 종합선물 세트 상자를 받아 들고 열어보기 전부터 가슴이 두근거렸던 기억이 났다.

이제는 여간해선 가슴 두근거리는 일이 없어진 나이지만 자꾸 터져 나오는 탄성과 함께 점점 대자연의 풍광에 빠져들었다. 한라산 둘레길에 줄지어 서 있던 울창한 나무숲을 걸으며 생각했다. 5월의 제주는 신이 우리에게 선물한 보물 상자 같다고.

한라산에는 아홉 개의 둘레길이 조성되어 있다. 우리 일행은 7구간 사려니숲 길을 걷기로 했다. '사려니'는 신성한 숲이라는 뜻과, 실 따위를 흩어지지 않게 동그랗게 포개어 감는다는 뜻이 있다고 한다. 말 그대로 숲에 한 발짝 들여놓았을 때부터 그곳에서 빠져나올 때까지 숲이 간직하고 있는 신비스러운 분위기에 압도당했다. 까마득한 옛날부터 이곳의 주인이었던 사려니 숲 앞에서 잠깐 이곳을 스치는 나그네로서 나도 모르게 겸손하게 두 손을 모으는 마음이 들었다.

동행한 친구들과 이야기를 나누기도 했고 때로 침묵하며 걷는 동안 육지에서 걸머지고 왔던 복잡한 생각들은 대자연 앞에 잠시 소멸하였다. 오로지 눈 앞에 펼쳐지는 그림 같은 풍경을 눈으로 마음으로 담기 바빴다.

걷다가 바로 가까이 풀숲에 있는 노루를 발견했다. 깜짝 놀라 살펴보니 새끼 노루인 듯했다. 우리를 공격하거나 하는 위험한 상황은 아니었다. 노루 곁에서 사진을 찍느라고 수선을 떠는 동안에도 이쪽에는 관심이 없다는 듯 무심하게 풀 속에 코를 박은 채 이리저리 열심히 풀을 뜯고 있었다.

편백나무 숲을 지나니 삼나무 숲이 나왔다. 하늘로 죽죽, 뻗어 올라간 삼나무 아래서 우리는 한동안 사진도 찍고 이야기도 나누었다. 삼나무 숲은 웅장하고 신비스러운 분위기를 자아냈다. 숲의 위엄에 감동하여 잠시라도 더 있고 싶은 마음이 들었던 것인지 우리는 쉽게 그곳을 떠날 수 없었다.

1박 2일의 짧은 여정이어서 첫날은 둘레길을 걸었고, 이튿날은 바닷가 올레길로 향했다. 제주 올레길의 4구간으로 표선해수욕장에서 시작하여 남원까지 19킬로를 걷는 구간이다. 우리는 오후 비행기를 타야 했기 때문에 잠시 올레길의 맛만 보고 가을에 다시 오자고 약속했다.

제주는 해양성기후라 꽃들이 다양하기도 하고 평소에 보지 못한 이색적인 꽃들이 많았다. 철이 지나서인지 평소 나에게 익숙한 진달래, 철쭉, 등은 보이지 않았다. 대신 이름을 알 수 없는 꽃들이 올레길을 걷는 동안 여기저기서 얼굴을 빼꼼히 내밀었다. 꽃이 그곳에 피어 있는지도 모르고 지나치다가 처음 맡아보는 이색적인 향기에 잠시 걸음을 멈추고 향기를 내뿜는 녀석을 찾아 주위를 둘러보았다. 여기저기 코를 박고 킁킁거려 향기를 퍼트리는 놈을 찾아냈다. 아, 너였구나! 이렇게 좋은 향을 풍기는 꽃이……. 색깔도 연하고 부드러운 파스텔 색조로 다채로웠다. 이 세상에 존재하는 온갖 예쁜 색깔들이 다 그곳에 모여있는 듯했다.

비행기 탑승 시간을 따져보니 더 걷다가는 시간을 못 맞추겠다 싶었다. 그래도 아쉬운 마음에 잠시 바닷가 작은 찻집에 들어갔다. 일고여덟 평 되는 공간에 테이블 셋이 놓여있다. 여주인 혼자 커피를 내리고 여행자들과 얘기도 나누며 시간을 보내는 듯했다. 여주인이 키우는 개가 돌담 안에서 우릴 향해 짖다가 우리가 막상 제 주인집에 들어가니까 곁에 와서 엎드렸다. 녀석도 나름 손님맞이 중인듯했다. 커피를 한 잔 앞에 놓고 앉으니 돌담 너머로 바로 표선 바닷가가 액자 속의 사진처럼 눈앞에 펼쳐졌다.

이곳은 내가 살던 곳보다 시간이 훨씬 느리게 흐르고 있었다. 시간의 흐름을 느끼는 것은 도파민의 분비 정도에 따라 달라진다고 한다. 우리에게 행복한 마음을 주는 도파민이 많이 분비될수록 시간의 흐름이 느리게 느껴진다는 것이다. 사람들이 왜 요즘 '제주 한 달 살이' 를 하는 것인지 알 것 같았다.

우리는 여행 내내 '남는 건 사진밖에 없다' 라며 열심히 사진을 찍었고 바로바로 카톡방에 공유했다. 그런데 제주에서는 미처 자세히 보지 않고 지나쳐 왔지만 돌아와서 찬찬히 들여다보니 새삼 눈에 띄는 것이 있다. 어디 가나 있었지만, 우리 관심의 대상에서 제외되어 그게 거기 있었는지조차 몰랐던 것, 그것은 어느 사진에서나 바닥을 채우고 있던 '풀' 이었다.

풀은 주인공에 가려져 사람들의 눈길을 못 받지만, 자연의 질서 속에서 묵묵히 자신의 역할을 해내고 있었다. 노루의 먹이도 되고, 멋진 나무 아래를 초록으로 채우기도 하며…….

누구나 돋보이고자 하고 누구나 사랑받고 싶어 하기 마련이다. 누군들 늘 발밑에 살며 무언가의 배경이 되고 싶겠는가? 그러나 배경이 빠진 그림은 완성될 수 없다. 주목받지 못해도 끝까지 자기 자리를 지키는 풀 덕분에 제주의 풍광은 완벽한 모습을 뽐낼 수 있는 것 아닐까?

비록 빛나는 자리는 아니어도 자기의 소임을 다하는 풀의 역할을 하는 이들이 있다. 지금껏 살아오면서 나는 어땠을까? 나무처럼 꽃처럼 되고자 골몰하며 살아온 세월은 아니었나? 그동안 나를 돋보이도록 자기를 낮추며 늘 변함없는 모습으로 내 곁에 있어 준 풀 같은 이들의 얼굴이 차례로 떠오른다. 과연 나는 살아오면서 누군가에게 풀 같은 존재인 적이 있었는지……. 늘 위를 바라보며 고개를 쳐들고 높은 곳만을 향했던 것은 아니었나 생각했다.

나도 기꺼이 누군가에게 풀 같은 사람이 되어야겠다. 세상에서 가장 연약해 보이지만 쉽게 꺾이지 않는 생명력으로 결국 누군가의 그림을 완성해 주는…….

손님

손님

인터넷을 검색하다가 우연히 구청 구인란에 올라온 글을 발견했다. 부동산컨설팅회사에서 직원을 모집하는 구인 광고였다. 호기심에 문을 두드리게 되었던 그곳에서 1년 동안 근무하며 실무를 익혔다. 그 후 8개월의 수험생활을 거쳐 공인중개사 자격증을 취득했다. 그때까지만 해도 부동산 사무실을 개업할 생각은 없었다. 엄두를 내지 못했다는 것이 솔직한 표현이다. 그러다가 우연한 기회에 거의 등 떠밀리다시피 부동산을 개업하였다. 그러나 혹시라도 손님이 부동산에 들어오면 어쩌나 하고 걱정하던 시절이었다.

그녀는 내가 부동산 사무실을 개업한 후 처음으로 계약을 맺게 된 손님이었다. 집과 가게를 오가던 어느 날 중년의 여자 손님이 전셋집을 찾아 부동산에 방문했다. 지금은 재건축이 되어 신축 롯데캐슬아파트로 변모했지만, 그 당시에는 재건축을 추진 중이던 허스아파트를 그녀에게 소개했다. 의외로 손님은 집을 한번 휙 둘러보더니 쉽게 계약을 결정했다. 그렇게 계약서를 작성한 후 돌아갔던 손님이 다음날 사색이 되어 문을 박차고 들어선다. 놀라기도 하고 영문을 몰라 미처 뭐라 말을 건네기도 전에 그녀가 날카롭게 소리쳤다.

"그 아파트 물이 안 나오는 거나 알고 계약을 시켰어요?"

좋은 집 알아봐 줘서 고맙다면서 만면의 웃음을 짓던 어제의 모습은 온데간데없이 그녀는 화가 잔뜩 나 있는 상태였다. 어처구니없게도 나는 그때 알았다. 이 세상에 물이 잘 안 나오는 집도 있다는 것을……. 그다음부터는 손님에게 집을 소개할 때 물부터 먼저 틀어보는 버릇이 생겨서 신축 아파트를 소개하면서도 물을 틀어보는 바람에 상대방 부동산 사장에게 핀잔을 들을 때도 있다.

나는 이 사태가 당황스럽기도 했고 무엇보다 손님에게 미안한 마음이 컸다. 갑작스러운 상황에 뭐라 대처할 말이 생각나지 않아서 그만 어정쩡한 미소를 짓고 말았다.

"아니, 이 상황에 웃음이 나와요? 어떻게 할 거예요! 책임져요!"

그때 또 한 가지를 깨달았다. 세상 사람들은 웃는 낯에도 침을 뱉는다는 것을. 그리고 상대방이 화가 나 있을 때는 미안한 마음에서라도 절대 웃으면 안 된다는 것을…….

결국, 이 일은 내가 비용을 대는 조건으로 오십만 원이나 들여서 모터를 설치해 주고 해결했다. 그 계약에서 내가 받게 되는 중개보수는 사십오만 원이었다. 미숙한 나의 일 처리를 보면서 집주인도 덩달아 중개사를 비난했다. 양쪽의 공격을 받다 보니까 나는 그야말로 울고 싶은 심정이었다. 모터 교체 비용도 삼십만 원이면 적정한 가격인데 이십만 원이나 더 낸 것을 한참 후에 알게 되었다. 모터 설치비용을 시세보다 더 받아 챙긴 설비가게 사장님한테 찾아가 따질 생각은 꿈도 꾸지 못했다. 나이 서른여덟의 수줍은 부동산 사장이 세상을 배우려면 아직도 한참 멀었다는 것을 그때는 깨닫지 못했다. 호되게 신고식을 치른 후 맞닥뜨린 세계는 정신을 똑바로 차리고 있지 않으면 어디서 어떤 모양으로 공격이 들어올지 모를 그야말로 정글이었다.

그 후에도 수많은 손님과 다양한 일들이 있었지만 유독 오래도록 기억에 남는 손님 중에 서른 남짓 된 경상도 사투리를 애교스럽게 쓰던 미용실 원장이 있다. 미용실을 계약하고 잠깐 차를 마시며 그녀가 나에게 들려준 얘기는 지금까지도 가끔 생각이 난다.

자기는 고등학생 때부터 머리하는 것을 배우기 시작하여 그 나이까지 일하고 있다고 하였다. 남편 모르게 비자금도 1억을 모았다며 자랑했다. 1억이라는 말에 놀라는 나에게,

"여태 돈 벌면서 그 정도 비자금 있는 것은 당연한 거 아닌가요? 사장님은 비자금 숨겨 놓은 것 없어요?"

믿기지 않는다는 듯 눈을 동그랗게 뜨며 그녀가 내게 물었다. 중개업을 시작한 지 칠팔 년 되었을 때였다. 그녀의 돌발 질문에 나는 나의 부족한 경제 관념을 들키기라도 한 듯 얼른 대답을 못 한 채 우물쭈물하며 얼굴이 뜨듯해지는 것을 느꼈다. 나는 따로 비자금을 모을 정도로 야물지 못하다. 더군다나 남편 모르게 돈을 챙길 주변머리도 안 된다는 사실을 그녀에게 들킨 것 같아 부끄러웠다. 그때부터 그 손님 덕분에 비자금을 챙겨보려 노력은 시작했던 것 같다. 역시 결과는 신통치 않았지만 말이다.

차츰 시간과 노하우가 쌓여가며 내가 일하는 곳에서 만날 수 있는 손님의 폭이 넓어졌다. 그 기회를 통해 내가 직접 겪어보지는 않았지만 다양한 다른 이의 삶을 간접 경험해 볼 수 있었다. 덕분에 세상을 향한 이해의 폭도 조금은 넓어진 듯하다.

나이 오십이면 지천명. '보편적이고 객관적인 하늘의 원리를 깨닫는' 나이라고 한다. 내가 주변과 어우러지며 이만큼이나마 나로서 존재할 수 있는 것은 지금껏 나에게 찾아와 주었던 손님들 덕분이라

고 해도 과언이 아니다.

또 다른 의미로 나의 아이들도 나에게는 손님이다. 어린 어미로서 본능적인 사랑만으로 시작되었던 모자 관계지만 아이들이 커가면서 나 또한 그들과 함께 성숙해졌기 때문이다. 몇 년 전에 큰 애가 결혼을 했다. 나에게 또 한 사람의 손님인 며느리가 등장하는 순간이었다. 시어머니가 나에게 베푸신 만큼의 사랑을 내가 나의 며느리에게 줄 수 있을까? 주변에서 나와 며느리의 관계에 대해 궁금해하는 사람이 많다. 평생토록 며느리로 지내다가 180도 바뀐 시어머니 역할을 내가 어떻게 감당할 것인지 나도 궁금하기는 하다.

작년 겨울부터 번호표를 끊고 대기 중인 다음 손님이 있다. 그 손님은 올해 여름에 태어날 예정인 나의 손주이다. 할머니가 되는 것 또한 처음 경험하는 일이라서 어떤 느낌일지 지금으로서는 도저히 상상이 안 된다. 친구나 선배 언니들은 '손주 자랑은 돈 내고 하라'라는 우스갯소리를 한다. 처음 들었을 때 농담치고는 너무 살벌하다고 느꼈다. 요즘 젊은이들이 결혼하는 시기가 30대 이후로 늦어졌고 결혼 후에도 출산을 하지 않으려는 부부가 느는 추세이다. 상황이 이렇다 보니까 할머니로서 손주를 기다리며 애를 태우는 사람들이 많다는 뜻일 것이다.

이런 어려운 분위기 속에 만나게 될 귀한 손님에게 나는 또 어떤 인생을 배우게 될지 자못 기대가 된다.

후회없는 선택?

후회없는 선택?

1989년 대학을 졸업하고 아버지의 강권에 못 이겨 원치 않는 취업을 하였다. 그때 나는 독서실과 집을 오가며 9급 공무원 시험 준비를 하고 있었는데 졸지에 전혀 다른 업무환경에 놓이면서 삶의 목표도 없이 방황하고 있던 때였다.

어느 날 뉴욕시 브루클린에 있는 교회에서 목회하고 있던 큰외삼촌으로부터 편지가 왔다. 큰외삼촌은 1970년대 말 가족을 모두 데리고 미국에 이민하였다. 그 후 미국에서 목회하던 목사님들이 그랬듯이 한국에서 넘어가는 이민자를 대상으로 선교도 하고 그들의 정착을 돕는 일을 하고 있었다. 편지에는 미국으로 들어와서 대학원에 진학하여 공부도 더하고 그곳에 정착하라는 내용이 적혀있었다. 고맙게도 초청장 양식까지 동봉되어 있어서 나는 몇 날 며칠을 심각하게 고민했다.

고민한 첫째 이유는 남자 친구 때문이었다. 그 당시까지 남자를 깊이 사귀어 본 적 없던 숙맥 아가씨가 모처럼의 연애에 깊이 빠져있었기 때문이다. 미국으로 출국하면 그 남자와 헤어져야 한다는 사실이 내 개인의 성장이나 나의 미래에 대한 계획을 전진시키지 못한 채

망설이게 했다.

두 번째 이유는 내가 태어나고 자라 온, 그래서 너무 익숙한 조국을 떠나 낯선 땅에 홀로 떨어질 엄두가 나지 않았다는 점이다. 더군다나 부모님으로부터 어떠한 경제적인 지원도 기대할 수 없었기 때문에 맨땅에 헤딩하듯 스스로 모든 것을 헤쳐나가야 하는데 그럴만한 용기가 선뜻 나지 않았다.

지금 생각해 보면 성취하고 싶은 뚜렷한 목표가 없었다는 것이 가장 큰 이유일 것이다. 내가 미국으로 들어가지 않겠다고 결정했을 때 많이 아쉬워했던 큰외삼촌의 목소리가 기억난다.

그리고 그 남자와 결혼했다. 그 후 그렇게나 바라던 대로 평범하게 살았나 돌이켜보면 평범했다고 할 수도 없다.

가끔 1989년 가을의 내 선택을 다시 떠올려보곤 했다. 남자 친구를 버리고 가는 것은 비인간적이고 무책임한 행동이라고 여겼던 스물넷의 순진함이 바보처럼 느껴졌던 적도 많았다. 그보다 그때 나에게 패기가 부족했기 때문이라고 자책하기도 했다. 안주하지 말고 젊은이답게 용기를 내어보았다면 어땠을까 하고. 그렇다 해도 사귀던 남자가 없었다면 좀 더 쉽게 용기를 내지 않았을까? 하는 생각이 들면 남편이 괜스레 원망스럽기도 했다.

그리고 이어서 드는 생각. 용기를 내서 남자 친구도 버리고 미국으로 들어갔다면 그곳에서 나는 어떻게 되었을까? 어차피 가보지 않은 길이니 알 수는 없으나 닥쳐오는 문제를 어떻게든 해결하며 살아갔겠지? 때로는 버리고 간 남자를 그리워하며 나의 선택을 후회했을까? 그러고 보면 인생은 선택의 연속이다.

20년 전쯤에 남편을 따라 캐나다에 이민 간 고등학교 절친이 있다. 그녀의 남편이 IBM에 재직했기 때문에 그들에게 주어진 기회였다. 그때까지만 해도 양국의 국가 경쟁력 차이가 컸기 때문에 캐나다에 이민한다는 것은 부러움의 대상이었다. 그때는 한국에 어린 자녀를 둔 부모 사이에는 기러기 부부가 유행하기도 했다. 자녀 교육을 위해 엄마가 아이를 데리고 캐나다나 미국으로 조기유학을 떠나면서 부부가 서로 떨어져 지내는 것이다.

세월이 어느덧 빠르게 흘렀다. 초등학교 저학년이던 그녀의 딸들은 좋은 대학을 나와 큰애는 의사가 되었고 막내는 하버드대를 졸업하고 유엔에 취업했다. 그녀 부부가 목표한 대로 자식 농사를 잘 지었다. 그러나 몇 년 전 잠깐 한국에 왔을 때 만났었던 친구의 말은 한참 동안 내 마음속에 남았다.

"아이들은 저희 직장 가까운 곳에서 남자 친구와 함께 지내기 위해 방을 얻어 나가고 집에는 우리 둘뿐이야. 주변은 온통 머리 노란 캐나다 사람들이고. 평생을 이웃으로 살았어도 그 사람들은 우리를 원숭이 쳐다보듯 해. 말이 잘 안 통하니까 이웃이라고 해도 거리에서 만날 때는 친한 척하지만 진짜로 친해지지는 않아. 그 사람들의 개인주의적인 문화 탓인 것 같기도 해. 어쨌든 그래서 나도 창문을 꼭꼭 닫고 산다. 캐나다에 갈 때 한국 집을 팔고 갔기 때문에 돌아오고 싶어도 올 곳도 없어. 그래서 요즘은 남편과 맨날 싸운다. 나는 한국 나오겠다고 하고 남편은 너 혼자 나가라고 하고……."

늘 빛나 보일 것만 같던 그녀의 삶 또한 타향에서 외롭게 나이 들어가는 모습일 뿐이었다. 살아가는 일이 자세히 들여다보면 다 조금씩 누추하다. 옆에서 볼 때는 좋아 보여도 당사자에게는 그들만 아는 군색함이 있기 마련이다. 그래서 내 앞에 닥쳐있는 삶을 내가 어떤 눈으로 바라보는가가 참 중요하다.

가끔 나는 미국행을 선택하지 않은 것에 대해 후회했다. 그러나 이제 와 돌이켜보니 또 그런대로 잘한 일이구나 싶기도 하다. 어떤 길을 선택했어도 완벽하지는 않았을 것이다. 다만 나는 스물넷에 했던 나의 선택을 잘한 일로 만들기 위해 지금까지 애를 쓰고 있었다. 그런 자신이 대견하기도 하고 한편 안쓰럽기도 하다. 애써 다 괜찮다고, 그동안 고생 많았다고 말해주고 싶다.

요리하는 여인

요리하는 여인

언제나 그렇듯이 오늘도 퇴근해서 옷도 갈아입지 않고 주방으로 먼저 간다. 저녁으로 먹을 것이 있는지 확인하기 위해서이다. 미역국과 갈치 조림이 가스레인지 위에 놓여있다.

시어머님은 요리를 잘하신다. 당신이 요리하는 것을 즐기기도 한다. 그래서인지 누구나 어머님이 만든 요리를 좋아한다. 나 또한 결혼해서 지금까지 시부모님과 함께 살아오면서 어머님이 해 주시는 수많은 요리를 평생 맛있게 먹었다. 가끔 다른 집 음식을 맛보게 될 때가 있다. 그때도 확실히 어머님의 요리 실력이 대단하다는 것을 다시금 느끼곤 했다.

시어머님은 연세가 팔십 삼세이다. 이제는 누군가가 챙겨드리는 밥상을 받을 연세이지만 며느리가 일한다는 핑계로 요리에 적극적이지 않으니까 아직 싱크대 앞을 떠나지 못하고 있다. 그러나 생각해보면 어머님이 요리에서 손을 놓으시면 그때부터 어머님의 인생은 끝났다고 해도 과언이 아니다. 그만큼 어머님은 요리에 정성을 들인다. 옛날 여자들이 다 이렇게 요리를 중요하게 여겼을까? 친정엄마를 떠올려보았다. 처한 환경이 달라서 단순 비교는 어렵지만, 친정엄마가 요리를 대하는 마음은 생존에 필요한 것을 조달하는 행위에 가까웠다. 요리 말고도 해내야 할 것들이 많아서였겠지만 역시 음식 맛에 대해 크게 신경을 쓴 것 같지는 않다.

남편과 연애 시절 우리는 남대문 시장 먹자골목에 있던 김치찌개 집에 자주 갔다. 내가 가자고 하니까 따라오기는 하면서도 표정이 썩 좋지 않았다. 김치찌개를 안 좋아하면 다른 거 먹어도 된다고 하면 또 아니라고 자기도 김치찌개를 좋아한다고 했다. 막상 먹을 때 보면 내가 느끼는 만큼 맛있게 먹는 눈치가 아니었다. 그때마다 왜 이럴까 의아했었다. 나중에 결혼하고 나서 어머님 김치찌개를 맛보고서야 그때 남편이 왜 그랬는지 알 수 있었다. 남편은 매일 집에서 그런 맛의 김치찌개를 먹었는데 굳이 바깥에 나와서까지 똑같은 것에 돈을 주고 먹으려니 표정이 안 좋을 수밖에…….

예전에는 환갑이나 칠순을 집에서 차렸는데 어머님 음식솜씨가 소문이 나 있어서 동네잔치에 불려 다닐 정도였다고 했다. 교회에서 중고등부 학생들을 데리고 양평 기도원으로 수련회를 갈 때면 어머님은 늘 따라가서 아이들과 교사들에게 음식을 만들어 주었다고도 했다. 엄마가 만든 요리를 친구들과 먹었을 남편은 얼마나 기분이 좋았을까?

요리도 공부나 운동처럼 태어날 때부터 잘하는 사람이 정해져 있다. 절대 미각이라는 말도 있듯이 손맛은 분명히 있다고 생각한다. 엄마를 닮아서인지 시동생이 가끔 끓이는 김치찌개는 먹을 때마다 감탄사가 나올 정도로 시원하고 깊은 맛이 난다. 힘을 빼고 무심하게 만든 것 같은데 이렇게 맛이 난다는 것이 말이 되나? 그런데 그런 마술이 시동생의 손끝에서는 번번이 일어난다. 시동생이 알려준 방법대로 분명히 하나도 빼먹지 않고 끓여도 그 맛이 아닌 것을 뭐라 설명해야 할지…….

결혼해서 내가 처음 시도했던 음식은 떡볶이였다. 물론 그전에 물을 너무 많이 넣은 라면을 끓여서 남편을 놀라게 한 적도 있지만, 그것은 요리라고 할 수는 없을 터이니 빼자. 식구 수를 생각해서 재료를 넉넉히 넣고 고추장도 풀고 용감하게 만든 떡볶이를 한 번씩 맛본 다른 가족은 소리 없이 일어나서 각자 자기 방으로 사라져 버렸다. 남편은 나와의 의리를 지키려고 그랬는지 끝까지 식탁에 남아 먹으려고 노력하던 모습이 지금 생각해도 민망하다.

그랬던 나도 서당 개 삼 년이면 풍월을 읊는다고, 지금은 요리에 힘을 빼는 단계까지 왔다. 유튜브에서 자세하게 요리 과정을 배울 수 있어서 처음 해보는 요리도 어느 정도는 따라 할 수 있다. 비법이 다 공개된 세상이라 요리 실력이 평준화되는 면도 있다. 이런 세상의 변화가 나 같은 사람에게는 참 고마운 일이다.

유쾌했던 자리를 떠올리면 음식이 늘 빠지지 않는다. 그날의 주인공은 아니지만 빠지면 아쉬운 필요불가결한 존재. 그것을 책임져 온 어머님의 배려와 사랑을 세월이 흐를수록 깨닫는다. 어머님이 연세가 들어가면서 어머님의 두 아들은 요즘 들어 어머님의 요리가 변했다고 한다. 그러면서도 어머님이 필요로 하는 음식 재료를 열심히 사서 나른다. 나는 농담처럼 '어머님 돌아가시면 두 아들이 맛있게 요리하면 되겠네' 라고 말한다. 그렇게 이어진 어머님의 요리 솜씨는 나의 큰아들이 물려받았다. 가끔 집에 오면 팔을 걷어붙이고 할머니와 엄마를 돕기도 하고 제 부인을 위해 음식도 만든다는 것을 보면.

음식을 만든다는 것은 생명을 살리고 유지할 수 있도록 도와주는 일이라고 거창하게 말하지 않더라도 그것은 사람의 마음을 무장해제시키는 따뜻한 행동이다. 어머님의 요리는 가족을 향한 사랑이었다. 나 또한 어머님이 평생토록 지어주신 따뜻한 밥 한 끼 덕분에 이만큼 성장했고, 세상의 비바람에도 굳건히 나의 위치를 지킬 수 있었다. 어머님의 음식은 내 안에서 잎이 무성한 여름의 나무처럼 무럭무럭 자라왔다. 이제는 어머님을 흉내 내고 있는 나를 본다.

사람은 사랑으로 산다. 어느 경우에도 계산하지 않고 베푸셨던 어머님의 사랑에 무한한 존경과 감사의 마음이 든다. 어머님 음식과 헤어질 날을 생각하면 벌써 아쉽고 섭섭하다.

도리 생각

도리 생각

“도리” 현관문을 열자, 복도 끝에 도도한 자세로 빤히 나를 쳐다보고 있는 우리 집 고양이와 눈이 마주쳤다. “도리, 잘 놀았어? 보고 싶었어~엉” 혼자서 없는 애교를 부려가며 이리저리 말을 붙여본다. 한 번쯤 곁을 줄 만도 하지만 도리는 앞다리를 딱 모으고 꼿꼿한 자세로 미동도 없다. 얼른 냉장고로 가서 제가 좋아하는 캔 간식을 따니까 그제야 앞발을 쭉 뻗고 엉덩이를 위로 한껏 올려 스트레칭을 한 번 한 뒤, 어슬렁어슬렁 자기 밥그릇 쪽으로 온다. 이 녀석이 끝까지 경계를 늦추지 않는 것을 알기에 얼른 주고 편히 먹으라고 나의 방으로 들어왔다.

2012년 봄, 모임에서 거나하게 한잔 걸친 남편이 자기 친구가 하는 식당에 가자고 해서 따라갔다. 친구 부부는 행주산성 근처 자기 땅 위에 비닐하우스를 지어놓고 잔치국수를 팔고 있었다. 우리는 가끔 국수가 생각날 때마다 그곳에 가곤 했다.

그런데 이날은 어찌 된 일인지 식당 바닥에 흰색 새끼 고양이들이 뛰어다니며 놀고 있었다. “고양이 한 마리를 식당에서 키웠는데 얘가 어느 날 새끼를 배 와서 식구가 이렇게 많아졌네요” 친구 부인은 식당을 이리저리 뛰어다니는 고양이들이 민망한지 난감한 표정을 애써 감추며 묻지도 않는 말을 했다.

보통 때 같았으면 관심도 없었을 고양이를 술 한 잔 마시고 바라보니까 예뻐 보였나? 요리조리 뛰어다니는 녀석들을 한참 동안 살펴보던 남편이 얼른 한 마리를 집어 들었다. 남편의 품 안에서 놀라 "야옹야옹" 하는 녀석을 나도 가만히 들여다보았다. 태어난 지 10일 되었다는데 녀석 중에서 제일 예쁜 놈으로 잘도 골랐네!

집안에서 동물을 키워 본 적도, 키워 보고 싶었던 적도 없었지만, 남편의 도발에 나 또한 맞장구를 쳐서 녀석을 집으로 데려오게 되었다. 이날부터 도리와 우리가 함께 살게 되었다. 독서실에 있는 작은 아들에게 연락해서 고양이를 안고 굳이 독서실까지 찾아갔다. 계단에서 내려와 얼른 고양이를 받아 품에 안고 바라보며 미소 짓던 작은 아이 표정이 기억난다. 아들이 밤에 집에 오면 어차피 볼 텐데 남편은 한시라도 빨리 아이에게 새끼 고양이를 보여주고 싶었나 보다. 아들이 좋아할 것이 뻔했기 때문이다.

눈이 아파 보여 동물병원에 데려가 눈약도 넣어주고, 각종 예방접종도 하였다. 마트에서 예쁜 상자를 주워다가 집도 만들어 주었다. 모래 화장실을 만들어 주었더니 용케도 알아서 거기다가 볼일을 보는 것이 아닌가! 한바탕 난리를 치며 목욕도 시켜주었다. 내 발치에 와서 자는 것을 모른 척했더니 의례 내 곁에서 잠도 함께 잤다. 그것도 녀석이 어렸을 때뿐이었지만……. 한 살 한 살 나이 들어가면서 어느 틈엔가 제집에 들어가서 자기 시작했다. 온 가족이 새 식구를 신기하게 여겼고 기꺼이 한 가족으로 받아주었다.

매년 5월 말쯤 되면 날씨가 더 더워지기 전에 고양이 미용하는 곳에 도리를 데리고 간다. 도리는 매년 하는 것이지만 털 깎는 것을 싫어한다. 그러나 그러지 않으면 온 집안이 고양이 털로 인해 엉망이 되기 때문에 어쩔 수 없는 일이다. 도리를 가장 사랑하는 작은아들은 털을 모두 밀어버린 도리를 보고

"얘 털 깎아주지 말라니까, 어휴" 한다.

"가족 모두가 평화롭기 위해서는 어쩔 수 없어……."

어느덧 도리와 만난 지 12년이 다 되어가고 있다. 고양이의 시간은 사람보다 5~6배 빠르게 간다고 하는데, 그렇게 따지면 도리는 사람 나이로 육칠십 세가 된 셈이다. 앞으로 10년은 더 살까? 어쩌면 5년?

한창때의 미모는 아니라 해도 내가 보기에는 아직 너무 예쁘기만 하다. 건강상으로도 아무 이상이 감지되지 않는다. 물론 가끔 오른쪽 눈에서 눈물이 조금씩 흘러내려 눈약도 넣어주고, 가루약도 타다 먹인다. 그러나 기온 차로 코가 막히거나 감기 기운이 있어서 컨디션이 안 좋을 때는 어김없이 오른쪽 눈에 눈물이 고인다.

늘 똑같은 표정 같지만, 나는 녀석의 희로애락을 알 수 있다. 화가 나면 눈빛에 노기가 등등하여 '나 지금 화난 상태야' 한다. 기분이 좋거나 뭔가 호기심이 생길 때는 까만 눈동자가 커지면서 고개를 갸웃거리는 모습이 사랑스럽다. 겁은 또 엄청 많아서 눈 깜짝할 사이에 후다닥 숨는데 도사다. 속상한 일이 있어 침대에 앉아 울고 있었는데 어느 틈엔가 내 앞에 와서 놀란 눈으로 나를 응시하던 표정은 지금까지도 잊히지 않는다.

이제는 길거리에 지나다니는 고양이 얼굴만 봐도, 얘가 남자인지 여자인지, 대략 몇 살인지 알 수 있다. 이런 능력이 생기게 된 것이 내가 생각해도 신기하다. 오랜 시간 동안 관심을 많이 쏟아와서 가능해진 것 같다. 아이를 키우다 보면 아이 울음소리만 들어도 엄마는 아기에게 무엇이 필요한지 금방 알 수 있는 것과 비슷한 원리이다.

언제나 도리를 생각하면 어딘가 마음이 짠하기도 하고 기분이 이상하다. 퇴근하여 계단을 오를 때면 항상 도리를 떠올린다. 온종일 잘 놀았나? 하고. 도리와의 수많은 행복한 기억들 틈에 언제부터인가 이제 '헤어짐이 가까워져 오고 있구나' 하는 슬픔도 함께 느껴진다. 요즘은 공을 던져주어도 빨리 뛰어가지도 않는다. 늙어서 이런다고 타박하며 시큰둥했는데 오늘은 도리와 많이 놀아줘야겠다.

반성문

반성문

아이들이 모두 하교한 교실은 적막하기만 했다. 오히려 반성문을 쓰기에는 안성맞춤이라고 생각했다. 무슨 말이라도 짜내야 하는데 시끄러우면 집중하는 데 방해가 되기 때문이었다. 그리고 내가 반성문을 쓰고 있다는 것을 누군가가 보는 것도 싫었다.

아침 조회 시간에 담임선생님이 3교시를 마치고 4교시에 체육관으로 모두 모이라고 했다. 10월에 있을 배문학원 체육대회 때 펼칠 응원 연습을 하기 위해서였다. 중학생과 고등학생이 모두 체육관에 모여서 각자 준비해 온 수술로 응원 연습을 했다. 체육관의 규모는 작지 않았지만, 천명 가까운 학생들이 동시에 들어가다 보니까 아이들끼리 딱 붙어 앉아야 했다. 체육 선생님의 지시에 따라 응원가를 부르면서 수술을 들었다 내리기를 50분 내내 계속했다. 4교시에는 공부 안 한다고 신이 났던 아이들도 연습이 계속 이어지고 점심 먹을 시간이 가까워져 오자 여기저기서 불평이 터져 나왔다. 아이들이 꽉 들어찬 데다가 시끄러운 앰프 소리와 응원 수술에서 날리는 먼지로 인해 숨쉬기도 힘들 정도로 답답한 상태였기 때문이다.

나는 고등학교 올라와서 학기 초에 도서부에 들어가기 위해 시험을 봤다. 동아리 홍보를 위해 1학년 교실에 들렀던 선배들의 모습이 멋있어 보여서 가입신청을 했다. 책 읽는 것을 좋아하는 학생들 사이에서는 도서부에 관심이 많았다. 그래서였는지 뽑으려고 했던 인원보다 신청한 학생의 수가 훨씬 많았다. 도서부원이 되려면 시험에 통과해야 한다는 사실을 뒤늦게 알고 긴장했다. 매년 도서부원을 뽑을 때 간단한 쪽지 시험과 구술면접을 본다는 것이다.

방과 후 빈 교실에 시험을 보기 위해 아이들이 모였다. 나눠준 시험지에 제시된 10가지 문항에 서술형의 답을 적는 필기시험은 어찌어찌 적어냈다. 그러나 그 후 이어졌던 구술면접이 문제였다. 도서부 담당 선생님과 2학년 선배들이 창문을 등지고 서넛 앉아 있었고 응시한 학생 네다섯 명이 맞은편에 앉은 후 질문에 차례대로 답을 해야 했다.

지금까지도 기억나는 질문은 '춘향이가 이몽룡과의 약속을 지키기 위해 변 사또의 수청 요구를 거부한 것을 어떻게 생각하는지' 나의 의견을 말하라는 것이었다. 이몽룡과 성춘향의 이야기야 초등학생도 다 아는 내용이지만, 갑자기 이 무슨 해괴한 질문이란 말인가. 틀에 박힌 듯 살아와서인지 나는 이런 식의 창의적인 질문에 매우 당황했다. 짧은 시간 동안이었지만 아무리 노력해도 수많은 단어가 머릿속에서 뒤죽박죽 충돌할 뿐 조리 있는 말이 되어 나오지 않았다. 나의 답을 기다리는 사람들의 시선에 떠밀려 억지로 앞뒤도 맞지 않는 몇 마디를 거의 웅얼거리다시피 하고 나왔던 기억이 난다.

나와 함께 응시했던 우리 반 조윤숙은 자신감에 찬 목소리로 꽤 길게 자기 의견을 말하고 있었다. 결과는 당연히 나는 떨어졌고 걔는 도서부원이 되었다. 만만하게 생각하고 도전했다가 고등학교 첫 출발에서부터 낭패스러운 경험을 하게 된 것이다.

도서부원에게는 많은 혜택이 주어졌다. 도서 부원증을 목에 걸고 도서관을 자유롭게 드나들 수 있었고, 방과 후에는 도서부원만 이용할 수 있는 부실에서 책도 읽고 공부도 했다. 부원들에게는 매월 읽어야 하는 도서 목록을 줬다. 책을 읽고 매주 금요일 방과 후에 만나서 미리 준비해 온 독후감을 발표하고 토론도 한다고 했다.

강남 8학군이라고 하여 등수 경쟁이 치열했던 학내 분위기와 달리 이곳은 고요하기만 했다. 나는 이곳을 모든 소란으로부터 잠깐이나마 벗어날 수 있는 고즈넉한 공간으로 느꼈다. 면접 때 잠깐 들어가 본 부실은 별관 2층 복도 끝에 있었다. 창문 밖에는 운동장을 가로질러 멀리 교문이 내다보였다. 독서 토론을 하는 원목 테이블 위로는 나뭇잎 사이로 비쳐 들어온 은은한 햇살이 머물고 있었다. 나무마루에 왁스 칠을 했는지 반들반들하던 마룻바닥까지 가끔 떠올랐다.

나는 그들 사이에 끼지 못한 것을 책을 읽는 것으로 보상하고 있었다. 헤르만 헤세, 괴테, 카뮈, 헤밍웨이 등 닥치는 대로 뜻도 모르면서 읽었다. 고1 때라 책을 읽을 시간이 많았기 때문이기도 했다.

3교시가 끝나고 응원 연습하러 갈 때 나는 그때 한참 읽고 있던 헤르만 헤세의 데미안 문고본을 가지고 갔다. 1,000여 명이 응원 수술을 양손에 쥔 채 완전히 밀착하여 붙어 앉아 있다 보니까 응원 수술에 우리 몸이 거의 파묻혀있는 느낌이었다. 누군가 딴짓을 해도 잘 보이지 않을 것 같았다. 무대 위에서는 마이크를 잡은 체육 선생님이 응원 연습을 진두지휘하고 있었다. 체육 선생님의 상태도 가끔 살피면서 한참 책에 빠져있는데 '딱' 소리와 함께 순간 뒤통수가 아팠다.

"너 지금 연습 안 하고 뭐 하니?"

교련 선생님이었다. 안보일 줄 알았는데 용케도 수많은 아이들 틈에서 머리를 처박고 있는 나를 찾아낸 것이었다.

"수업 끝나고 반성문 써서 교무실로 가지고 와!"

반성문이라는 것을 막상 쓰려고 하니 쓸 말이 없었다. 한참을 망설이다 막상 쓰기 시작하니까 또 술술 잘 써졌다. 그 당시 책을 많이 읽을 때여서인지 나중에는 몰입해서 재미있게 쓰고 있었다. 반성문을 재미있게 쓴다는 것이 이상한 상황이기는 했다. 내용은 다 잊어버렸지만, 분량은 작은 글씨로 A4용지를 빽빽하게 채웠던 기억이 난다. 다른 애들도 반성문을 이만큼씩 쓸까? 쓸데없이 너무 많이 썼나? 어느새 어둑어둑해진 복도를 지나 교무실 문을 밀었다. 잠겨있었다. 그때까지 나는 선생님이 퇴근했을 거라는 생각을 못 하고 있었다. 그렇지! 선생님이 내 반성문을 받으려고 집에도 안 가고 기다리고 있겠는가! 할 수 없이 문 밑으로 반성문을 밀어 넣고 돌아갔다.

다음날 점심시간이 끝나갈 무렵 미모의 교련 선생님이 교실로 찾아왔다.

"너 무슨 반성문을 그렇게 썼니. 그런 반성문은 처음 읽어 봤다 얘. 잘 썼더라. 쓰느라 고생했다."

반성문을 쓰고 칭찬을 받다니. 교련 선생님이었지만 학생들에게 다정했던 분이었다. 늦게까지 A4용지를 다 채우느라 애썼을 것을 딱하게 여겨 선생님이 나에게 이렇게 얘기해 주시나 보다 하고 넘어갔지만, 오래도록 기억 속에 남아있다.

40년이 지난 지금 새삼스레 글을 쓰고 있다. 고1 때 반성문을 쓰듯 상황에 맞지 않게 재미있게……. 반성문을 재미있게 써도 되는지 그때 잘 몰랐듯이 지금도 잘 모르겠다. 어쨌든 쓰고 있다.

| 단편소설 |

비 오는 날의 결혼식

비 오는 날의 결혼식

결혼식 날에 이왕이면 날씨가 화창해야 좋았을 것이다. 그러나 어제부터 내리고 있는 비는 그칠 줄을 모르고 예식이 얼마 남지 않은 지금까지 창밖에는 비가 내리고 있다. 일기예보에서는 오늘 온종일 비가 내린다고 했다. 그녀의 집에서 예식장까지는 걸어서 15분이면 도착할 수 있는 거리이다. 날씨가 좋았다면 산책 삼아 걸어갈 수도 있다. 그러나 오늘처럼 비가 내리는 날, 남편까지 대동해서 혼잡한 도심 속을 걷는 것은 망설여진다. 게다가 결혼식 하객 복장까지 하고 말이다.

큰집 오빠가 그녀에게 카톡으로 청첩장을 보내온 것은 지난주의 일이었다. 막내를 장가보낸다는 청첩이었는데 참으로 오랜만에 오빠가 전해온 소식이다. 그녀가 오빠 큰딸의 결혼식에 갔던 게 10년 전의 일이니까 오빠 내외로서도 많이 기다린 혼사라는 짐작이 되었다. 다음 주 토요일 오전 청담동 갤러리아 백화점 근처 C 예식장. 다이어리를 확인해 보니 그날은 남편과 군산행이 계획되어 있었다. 이미 한 달 전 남편 친구들 모임에서 부부 동반 여행을 가기로 했다. 예식 시간이 오전 11시 반이니까 예식장에 들렀다가 바로 출발하면 남편 친구들과의 선약도 지킬 수 있겠다고 생각했다.

그녀는 형제 중 맏이라서인지 자라면서 언니나 오빠라는 단어를 사용할 일이 별로 없었다. 사회에서 만나는 사람에게 가끔 그 단어를 써야 할 때가 있는데 그때마다 어딘가 자연스럽지 않고 어색했다. 가끔 넉살 좋게 언니 오빠를 구사하는 사람을 볼 때는 부럽기까지 했다.

그런 오빠라는 단어를 떠올릴 때마다 그녀의 기분이 좋아지게 하는 사람이 큰집 장손 오빠였다. 그녀가 오빠! 하고 애교를 부리면 그는 '어 그래, 잘 지냈니?' 하며 언제나 친근하게 받아주었다. 가깝지도 않은 사람에게 친한 척 애쓰는 것이 아니라 진짜 피붙이기 때문에 오빠를 떠올리면 늘 그녀는 정겨운 마음이 들었다.

그녀가 오빠를 생각할 때마다 기분 좋아지는 이유는 또 있다. 기억 속의 오빠는 유쾌한 사람이기 때문이다. 어려서부터 고생을 모르고 유복하게 자라서인지 성격이 서글서글하고 항상 웃는 표정인 그를 떠올릴 때마다 그녀의 입가에도 어느새 미소가 번지곤 했다. 그녀의 기억 속에 있는 오빠는 앳된 청년이지만 오빠도 어느새 육십 중반의 중년이 되었다.

남편은 일주일 내내 일하고 오늘은 군산까지 장거리 운전도 앞두고 있었기 때문에 오전 시간만이라도 쉬고 싶어 하는 눈치였다. 그러나 그녀의 부탁으로 예식장에 동행하기 위해 평일에 출근할 때처럼 이미 양복을 입은 상태이다. 복장만 갖추었을 뿐 평소에 단정히 빗어 넘겨 보기 좋던 남편의 머리 매무새가 오늘은 어딘가 부스스하다. 타이도 매지 않았다. 그녀는 못 본 척 넘어갔다.

혼잡한 예식장 주변에 자동차를 주차하려면 걸어가는 시간보다 주차시간이 더 걸릴 것 같아서 차를 가져가는 것도 포기하고 결국 그녀 부부는 택시를 탔다. 엎어지면 코 닿을 거리를 가자고 하기가 택시 기사 아저씨한테 미안했지만 어쩔 수 없었다. 택시에서 내리자마자 비를 피해 후다닥 건물 안으로 들어섰다. 1층 로비에 들어서자 제일 먼저 은은한 생화 향이 예식장에 방문한 사람을 맞이한다. 고급스러운 꽃향기가 가득한 예식장 로비를 빠르게 가로지르며 꽃향기 때문인지 그녀의 마음이 덩달아 설렜다.

오랜만에 만날 친정 가족들은 과연 얼마나 많이 변했을까? 그녀는 약간 긴장되는 마음을 누르며 엘리베이터가 오기를 기다렸다.

그녀의 고향은 낙생초등학교 근처 촌마을이다. 지금은 '천당 아래 분당' 이라고 불리며 예전과는 비교도 할 수 없을 만큼 땅값이 천정부지로 치솟은 그곳은 김씨 일가가 집성촌을 이루고 대대로 살아온 곳이기도 하다.

1970년대 초에는 읍내에서 정자동으로 버스가 하루에 네 번 들어왔다. 버스정류장에 내려서 마을까지 들어오려면 약 200m도 넘는 길을 걸어야 했다. 동네 사람들이 이 길을 지나 마을에 도착할 때까지 그녀의 할아버지 땅을 밟지 않고는 지나다닐 수 없었다고 할 정도로 그녀의 할아버지는 정자동 일대에 엄청나게 많은 토지를 소유하고 있었다. 성실하고 이재에도 밝았던 할아버지는 젊은 나이에 쌀가게부터 시작하여 여러 가지 장사를 하며 많은 돈을 벌었다. 나이 들어서는 자신의 땅에 대규모로 인삼밭을 경작했다. 돈이 생기는 족족 주변의 땅을 사들였고 그것이 할아버지를 거부로 만들어 주는 밑거름이 되었다.

그녀의 할아버지는 낙생초등학교 이사장직도 맡고 있었다. 그때까지만 해도 정자동 일대는 촌이어서 낙생초등학교 근처 십 리 안에는 초등학교가 없었다. 사정이 이렇다 보니까 아이들이 학교에 오려면 30분 정도를 걷는 것은 기본이었다. 인근 여러 마을의 아이들은 초등학교에 입학할 때부터 대부분 한 시간도 넘는 거리를 걸어서 낙생초등학교에 다녔다. 아이를 학교에 보낸 부모들에게 할아버지의 존재는 낙생초등학교 이사장이자 재산을 많이 소유한 어르신으로 알려져 있었다.

김씨 집안의 우두머리인 종손인 데다가 많은 재산까지 소유한 할아버지의 대내외적인 위세는 그야말로 대단했다. 동네 사람들은 감히 그 앞에서 말 한마디도 쉽게 꺼내지 못했다.

그녀 기억 속의 할아버지는 백발이 성성한 노인이다. 말수가 적었고 음성도 조용조용하여 대외적인 명성에 비해 어린 그녀에게는 인자한 할아버지일 뿐이었다. 마른 체구였던 할아버지는 그녀에게 늘 잔잔한 미소를 머금고 다정하게 대해주었다. 행여 무서운 표정은 찾아볼 수 없는 누구에게나 소탈한 모습이었다. 그러나 지금 생각해 보면 그녀의 할아버지는 180㎝도 넘는 장신에 노인답지 않은 청청한 눈빛으로 그 동네를 장악하고 있었다.

할아버지의 막강한 영향력 덕분이었는지 김씨 일가는 조용하고 평화롭게 살아갔다. 그러나 그들의 규칙에 저항하며 동네를 시끄럽게 만드는 사람이라도 등장하면 할아버지는 어떤 수단을 동원해서라도 마을에 평화를 유지하려 했다. 그것이 할아버지가 만들고 싶었던 당신만의 세계였던 것 같다. 마을 사람들은 더욱 자신을 낮추었다. 그것이 무리에서 소외되지 않고 안전하게 생존하는 방법이라고 여겼다. 그 결과 겉으로 보기에는 이웃 간에 사이좋은 모습으로 비쳤다. 그도 그럴 것이 이웃이라고 해야 삼촌이나 사촌 등 촌수가 멀고 가까울 뿐 동네 사람이 모두 친족 사이였기 때문이다.

그들이 철저하게 지킨 또 다른 규칙은 서열이었다. 동네 사람들은 그녀의 오빠를 어린아이로 대하지 않고 깍듯이 예우했다. 오빠는 초등학교 3, 4학년쯤 되는 어린아이였지만 집안에 큰 행사가 있을 때면 나이 지긋한 남자 어른들 사이에 있었다. 이 장면은 오래된 사진처럼 그녀의 기억 속에 지금까지도 각인되어 있다. 그녀의 눈에는 분명히 동네 아이들과 까불며 노는 장난꾸러기 어린아이에 불과했지만, 어른들의 의식 속에서는 할아버지의 대를 잇는 사람이었기 때문이다. 그런 분위기에서 종갓집 장손으로 태어났다는 것은 지금 흔히 말하듯 '금수저를 입에 물고 태어난 것' 과 같았다.

그녀의 아버지는 삼 형제 중 차남이었다. 할아버지는 아버지가 중학교 올라갈 때쯤 할아버지 막냇동생의 댁이 살고 있던 흑석동으로 그녀의 아버지를 유학 보냈다. 자신의 둘째 아들을 막내 제수씨에게 보내면서 할아버지는 무슨 이유에서인지 아들을 아예 그 집의 양자로 들였다. 그녀의 할아버지가 보기에 6.25 전쟁통에 일찍 혼자가 되어 유복자 딸을 키우고 있는 막내 제수씨에게 아들이 필요해 보였을 수도 있을 것이다. 양자로 보내진다는 게 어떤 의미인지도 모른 채 그녀의 아버지는 흑석동 막내 작은어머님댁에서 중학교에 다녔다.

그녀의 큰아버지는 서울에서 대학을 나와 고등학교 선생을 했다. 어려서부터 성격이 유순해서 큰아버지가 밖에서 친구들과 놀다가 맞고 들어오면 그녀의 아버지가 네 살이나 어렸음에도 불구하고 형의 친구들을 찾아가서 대신 패주고 왔다고 한다. 결혼할 때도 할아버지의 명령에 순종했다. 신부는 초등학교도 안 나온 할아버지 친구분의 딸이었다. 큰아버지가 신부 될 사람과 처음 만나는 자리에 할머니가 자신의 둘째 아들을 데리고 함께 나갔다. 신붓감을 본 후 정작 큰아버지는 별말이 없었으나 형의 예비 신붓감을 본 그녀의 아버지가 반대하고 나섰다고 한다. 나중에라도 이 일을 큰엄마가 알았다면 이 사실 하나만으로도 그녀의 아버지를 곱게 봐줄 리는 만무했다.

그녀의 아버지는 군대 제대 후 대학에 복학하려 했지만, 양자 간 아들이라는 이유로 할아버지가 대학 등록금을 대주지 않았다. 그렇게 해서 본인이 대학에 중퇴하게 된 것을 그녀의 아버지는 평생토록 뼈 아파했다.

결국, 그녀의 아버지는 평생 문중의 이단아로 살았다. 가족들이 서로 할아버지 눈치를 보며 나서지 못할 때도 그녀의 아버지는 할아버지 앞에 서슴없이 나섰다. 그럴수록 할아버지의 눈 밖에 났을 것은 불 보듯 뻔한 일이다. 친척들은 자기 대신 할아버지에게 할 말을 하는 그의 행동 덕분에 뒤로는 이득을 보면서도 앞에서는 그녀의 아버지를 멀리했다. 자기들이 애써 지키는 규칙들을 아무렇지 않게 넘나드는 종손 집 둘째 아들을 이해하고 편들어 주는 이는 거의 없었다.

그녀의 아버지는 집안 내의 누구와도 화합하지 않았다. 당연히 그녀의 가족 또한 물 위의 기름처럼 김씨 가문에 섞이지 못했다. 어릴 때 그녀는 그런 아버지를 이상하다고 여겼기 때문에 성인이 되면서 친척들에게 다가가고자 노력했다. 그러나 그때마다 아버지는 그러한 그녀의 노력을 막았다. 그러면서도 자신이 왜 그럴 수밖에 없는지 이유를 그녀에게 말하지 않았다. 당연히 그런 아버지의 행동을 그녀는 이해할 수 없었다.

그는 할아버지를 향하여서도 자신이 마음속에 품고 있는 한을 내보이지 않았다. 기나긴 세월이 침묵 속에 흐른 지금에서야 그녀는 그런 아버지를 어렴풋이 이해할 수 있다. 그것은 사랑받고 싶었으나 상처만 주었던 자기 아버지에 대한 애증 섞인 오기 아니었을까? 아마도 상처투성이인 자신을 지키고자 했던 마지막 자존심이었을 것이다. 아버지로부터 사랑받지 못했지만 보란 듯이 자수성가하여 복수하겠다는 마음도 있었을 거라고 그녀는 짐작했다.

그녀의 눈에 아버지는 평생 어느 곳에도 정착하지 못한 채 방황했다. 그는 늘 자신한테 없는 무언가를 찾아 헤맸다. 그것이 돈일 때도 있었고 여자일 때도 있었다. 긴 세월이 흐르는 동안 남편의 방황을 바라보며 그녀의 어머니는 그 속에서 가정을 지켜내고 아이들을 보호했다.

그의 눈에서 세상에 대한 결기가 사라진 것은 팔십을 바라보는 나이가 되어서였다. 대장암 진단을 받고 수술 후 완치판정은 받았으나 고령이라 기운이 쇠락해질 즈음, 그녀 아버지의 눈빛에서 전투력이 사라졌다. 노쇠하고 무력한 노인이 느껴질 뿐이었다. 세상을 미워하는 고통에서 풀려난 듯 그녀의 아버지는 평화로워 보였다.

할아버지가 돌아가시고 그 많은 재산을 상속해야 하는 시점에 큰어머니가 작은아버지를 대동하고 그녀의 집에 들이닥쳤다. 그녀의 아버지에게 상속 포기 각서를 받으러 기세등등하게 문을 박차고 들어오던 큰엄마는 처음 보는 사람처럼 낯설었다. 늘 따뜻한 미소와 맛있는 음식으로 누구에게나 베풀기만 하던 큰엄마였기에, 상속 포기 각서를 그녀 아버지의 코앞에 들이밀면서 도장 찍으라고 큰소리치던 여자는 평소 그녀가 알고 있던 사람은 아니었다.

큰엄마는 시집온 후 할아버지의 신임을 등에 업고 집안 대소사를 책임졌다. 할아버지의 총애를 받는다는 것은 가문 내에서 누구도 넘볼 수 없는 권력을 쥔거나 마찬가지였다. 부와 권력을 쥔 자의 여유였는지 큰엄마는 늘 선한 아낙네의 모습으로 주변 사람을 자기편으로 만들었다. 그런 자기 주변에다가 평생 그녀의 아버지에 대해서 부정적인 이야기들을 퍼트리고 다녔다.

그날 그녀의 아버지 앞에서 악다구니를 쓰던 큰 엄마는 자신이 평생 추구했던 목표의 마지막을 향해 질주하고 있는 듯했다. 그것이 자기 시아버지가 평생토록 자신에게 명령했던 일이었기 때문인지 큰엄마는 당당했다. 눈빛에서는 섬뜩한 광기가 느껴졌다. 양자로 보내지지 않은 작은 아버지도 재산에 대한 권리를 모두 포기했는데 왜 너는 자격도 없는 놈이 버티냐는 식이었다.

큰엄마와 대립하던 그녀의 아버지를 그녀의 엄마가 설득하고 나섰다. 우리가 당장 굶어 죽는 것도 아니니까 가족 간에 돈 문제로 다투지 말고 그냥 도장 찍어주시라고……. 그렇게 형제들에게서 가져간 할아버지의 땅들은 모두가 예상했던 대로 전부 오빠에게 넘어갔다.

그 일이 있고 난 뒤 그녀의 형제들은 학교를 마치고, 직장에 들어가고, 각자 가정을 일구며 살아오는 동안 그날의 기억을 애써 외면하며 살았다. 간간이 큰집 소식이 들려왔지만, 그녀의 가족은 큰집에 관한 것에는 함구했다. 나쁜 기억을 들추고 싶지 않은 심정 같은 것이었다.

1980년대 초 오빠는 대학생 신분이었음에도 자신이 다니던 학교 앞에 호프집을 개업했다. 지금은 새언니가 된 그 당시 오빠의 여자친구와 함께였다. 새언니는 고등학생 때부터 오빠를 따라다녔다. 얼굴은 예뻤지만, 공부 안 하고 노는 것 좋아하는 소위 '날라리' 였다. 차린 지 1년도 안 되어 오빠가 군대에 가면서 호프집은 문을 닫았다.

제대 후 본격적으로 회사를 차린 오빠는 명문대 출신 직원들을 뽑아 그 당시에 붐이었던 벤처사업을 시작했다. 그 시절 오빠는 종종 '나는 전문대를 나왔지만, 서울대 출신 애들이 내 밑에서 월급을 받고 있다' 라고 호기롭게 말하곤 했다. 그 후에도 그녀의 오빠는 이것저것 배포 좋게 사업을 벌였다. 그런데 어떻게 된 일인지 사업이 잘 되었다면 자랑깨나 했을 오빠가 집안 내 행사 때 만나도 더는 자랑을 하지 않았다. 언제부터인가 말수가 적어지더니 어딘가 오빠답지 않게 표정이 어두워 보일 때도 있었다.

사업에 한두 번 도전했다가 실패하면 신용불량자 신세로 몰락하기 쉽지만, 그녀의 오빠는 달랐다. 사업에 실패할 때마다 오빠는 땅을 팔아다가 다시 새로운 사업에 도전했다. 그녀는 언제쯤이나 오빠가 벌여놓은 사업이 빛을 볼 것인지도 궁금했지만 과연 언제까지 팔 땅이 남아있을지 궁금하기도 했다. 할아버지 재산은 그녀가 상상했던 것보다도 훨씬 많았다.

그리고 언제부터인가 오빠가 물려받은 그 많은 할아버지 땅이 빚으로 인해 대부분 남의 손에 넘어가 버렸다는 소식이 그녀의 귀에까지 들려왔다. 계속되는 오빠에 관한 소문은 점입가경이었다. 동네 친척 중 여러 집이 옛날부터 할아버지 소유의 땅 위에 집을 짓고 살아왔는데 오빠는 그 땅마저 팔기 위해 친척들을 내보냈다고 한다. 귀퉁이 작은 땅에 빌라를 지어 그곳으로 그들을 몰아넣고 친척들의 집터도 알뜰히 팔아버렸다는 것이다. 대대로 자신들이 살았던 터 위에 남이 지은 공장들이 들어서는 것을 보며 마을 사람들은 어떤 생각이 들었을까? 그즈음부터였다. 종손이라고 모두가 떠받들기만 하던 친척들이 그녀의 오빠에 대해 험악한 소문을 퍼트리기 시작한 것이.

최근에는 오빠가 종중원들 몰래 종중 산까지 팔아버리려다 발각되어 문중에서 오빠를 쫓아내야 한다는 여론이 많아지고 있다. 이미 그녀의 오빠는 정자동 김씨 문중의 리더는 아니었다.

언제부터인가 늘 부정적이고 어둡기만 한 소문 속의 주인공이었던 오빠를 오늘 막상 마주 대해야 한다고 생각하니 그녀는 마음이 무거웠다. 평생토록 그녀의 가족에게 박탈감을 느끼게 한 장본인이었지만 초라한 모습의 오빠는 또 보고 싶지 않았다. 늘 그랬듯이 차라리 당당하고 유쾌한 모습이었으면 좋겠다는 생각이 들었다. 쫄딱 망해서 비참한 모습의 오빠를 상상하는 것만으로도 그녀는 힘이 들었기 때문이다. 그래서인지 예식장에 가까워질수록 걱정스러운 마음이 점점 커지며 '어찌 되었든 평범하게라도 살고 있었으면…….' 하는 기원이 나왔다. 갈팡질팡하는 자신의 모습에 머릿속은 더욱 복잡해진 채 그녀는 6층 예식홀의 묵직한 문을 열었다.

예식은 이미 진행 중이었다. 주례 없이 양가 아버지의 덕담이 오갔고 다음 순서로 신부 친구들의 축가가 이어졌다. 신부가 눈물을 흘렸다. 감동의 눈물은 어느 결혼식에서나 흔히 있는 일이라고 그녀는 생각했다. 결혼식의 분위기에 취해 그녀도 가끔 민망한 눈물을 찔끔거릴 때가 있으니까. 그러나 그 후로도 예식이 진행되는 내내 신부의 눈물은 좀처럼 그치지 않았다. 예식을 보고 있던 하객들 사이에서 신부가 너무 많이 우는 게 아니냐며 수군대는 소리가 들렸다. 그제야 그녀는 결혼식에 누가 왔는지 아는 얼굴을 찾아 신랑 쪽 하객석을 훑어봤다.

아무리 오랜만의 만남이라 얼굴이 변했다고 해도 친척은 알아볼 수 있는 법이다. 그러나 아무리 찾아봐도 오빠 가족과 작은아버지 댁 사촌들 외에 아는 얼굴을 찾을 수 없었다. 아무도 결혼식에 오지 않았다니. 오빠가 부르지 않은 것일까? 오빠가 일부러 부르지 않았다고 해도 동네에서 이 혼사를 다들 알고 있을 텐데 아무도 오지 않은 것은 엄청 이상한 일이었다. 아무리 오빠의 위상이 예전 같지 않아졌다고 해도 지금까지 지내온 오빠의 대외적인 위치를 생각할 때 있을 수 없는 일인 것만은 분명했다.

그렇다면 그녀가 모르는 이 많은 사람은 또 누구일까? 오빠의 삶 속에서 정자동 김 씨네 집안사람들은 결혼식에 초대할 가치도 없어져 버렸다는 의미일까? 비가 너무 많이 오고 있는 데다가 예식장 주변이 복잡해서 많은 손님이 예식장 앞까지 왔다가 다들 그냥 돌아갔다며 새언니가 묻지도 않는 말을 늘어놓았다. '많이 내리는 비를 뚫고 이곳에 온 사람이 주차장이 복잡하다고 그냥 돌아갔다고?'

그러나 더 그녀를 당황하게 만든 것은 예식과 피로연의 전 과정에서 느껴졌던 '너무도 잘살아가고 있는 듯한' 그들의 모습이었다. 혹시라도 초라해진 오빠를 민망해서 어떻게 볼지 걱정했던 그녀였지만, 호화로운 예식의 광경을 보고 있자니 망치로 뒤통수를 맞은 심정이 들었다.

새언니가 오빠에게 시집올 때의 모습을 그녀는 기억한다. 그러나 새언니는 결혼 후 대략 45년의 세월이 흐르는 동안 완전히 다른 사람이 된 듯했다. 어딘가 당당한 위엄까지 보이는 눈앞의 새언니에게서 거리감이 느껴졌다. 새언니는 오빠가 사업에 실패하는 동안에도 넷이나 되는 아이들을 모두 초등학생 때부터 미국에 유학시켰다. 장손며느리라지만 새언니는 결혼 후 한 번도 시부모와 한집에서 산 적이 없다. 유학하는 아이들을 데리고 주로 미국에서 지냈을 뿐이다. 평생 평범한 소시민의 삶과는 거리가 먼 채 최고의 것들만 소비하며 살아온 사람들에게서 풍기는 아우라가 오빠의 가족 전체에게서 느껴졌다.

게다가 누가 뭐라는 사람 하나 없는데도 이 사람들은 눈치 보기에 바빠 보였다. 마치 살얼음판을 걷는 것처럼 행동하는 이 가족들을 보고 있자니 그녀의 가슴이 다 오그라드는 듯했다. 그런 와중에도 또 언뜻언뜻 삐져나오는 이들의 거만함 때문인지 예식장의 분위기는 어색하다 못해 기괴했다.

예식이 끝난 후 피로연에서 오빠는 며느리가 서울대 나온 변호사라서 자신이 서초동에 며느리의 변호사사무실을 차려주었다고 자랑했다. 그녀에게 마지막까지 남아있던 의혹마저 '진짜 아무 이상 없이 잘살고 있었네' 하는 확신으로 돌아서는 순간이었다. '비참한 모습이면 어떡하나' 하는 그녀의 순진한 우려를 비웃기라도 하듯 그들은 그녀가 살아온 세상과는 다른 세계에서 잘 살아오고 있었다.

자신이 태어나고 자기를 장손으로 떠받들어 키워준 동네를 온통 초토화한 장본인이 정작 자기 가족은 철저히 보호하며 승승장구 잘 살아가고 있었다니. 오빠의 어디에서도 지금까지 자기를 위해 희생한 사람들에 대한 일말의 미안한 마음 같은 것은 찾아볼 수 없었다.

더 웃지 못할 일은 그녀의 오빠가 그 작은 빌라에 자기 엄마와 형제들까지 몰아넣었다는 사실이다. 큰엄마는 좁은 빌라에 자녀들이 제때 들여다보지도 않아 쓰레기 더미가 된 집에서 살고 있다. 정자동 김씨 집안의 전권을 손에 쥐고 호령하던 부잣집 맏며느리의 위세는 흘러간 옛노래가 되어 버렸다. 노년의 큰엄마는 제대로 된 보살핌을 받기는커녕 홀로 방치된 채 동네 사람들의 원망만 한 몸에 받는 비참한 상황을 맞이했다.

그녀 앞에서 자신의 건재함을 보여주고 싶었는지 계속 자랑을 늘어놓는 오빠를 바라보며 세상은 진짜 이렇게 흘러가는 거였나? 하는 생각이 들었다. 그녀는 살아가는 법을 다시 배우고 있는 느낌이었다.

문득 아슬아슬한 마음이 들었다. 오빠가 쌓고 있는 이 모래성은 과연 언제까지 무사할 수 있을 것인지…….

세상은 지금 눈 앞에 펼쳐지는 광경처럼 '보이는 것' 만 존재하는 것은 아니라고 그녀는 자신에게 말하고 있었다. '보이지 않는 것' 이 세상의 다른 반을 차지하고 있다는 것을 끝까지 믿고 싶었다.

문득 다음 달 말일이 아버지 생신이라는 생각이 났다. 이번에 아버지를 만나면 용기 내어 안아드려야겠다고 그녀는 생각했다. 고달픈 세상 살아내시느라 애 많이 쓰셨다고. 아버지 덕분에 참 감사하다고…….

그들의 결혼식을 뒤로하고 다음 일정을 위해 그녀는 서둘러 예식장을 빠져나왔다. 어느새 비가 그치고 맑게 갠 하늘에는 구름 사이로 햇살이 비치고 있었다.

제3부

최미경

▲ 산티아고 순례길을 돌아보며 .

삶을 되돌아볼 수 있는 시간

나의 빨간 수첩과 휴대폰 갤러리에는 산티아고 순례길의 시간이 글과 사진으로 기록되어 있다. 그것을 보는 것은 마치, 내 삶의 수필을 꺼내서 읽는 것과 같다. 그리 요란하지 않게, 분명하게, 솔직하게 내 기억을 담아 놓았다. 그 시간의 조각들은 나에게 추억과 위로와 용기를 준다.

아무리 좋은 기억과 경험이라도 세월이 지나면 잊기 쉽다. 하지만 글쓰기를 통해서 고스란히 남길 수 있는 것은 신나는 일이다. 그것을 해냈다. 수필을 어떻게 쓰는지 배울 기회가 생겨서 나의 까미노를 글로 풀어냈고, 삶을 되돌아볼 수 있는 시간이 주어져서 기쁘다.

순례의 기쁨을 허락하신 하나님께 감사한다. 그리고 '산티아고 순례길의 기록' 을 펴낼 수 있도록 도와준 모든 이들께 감사한다.

최 미 경

프롤로그 - 사랑이 시작된 이야기

프롤로그 - 사랑이 시작된 이야기

내가 사랑에 빠졌던 길!

혼자서 걸었던 프랑스길 800km, 남편과 함께 말동무하며 걸었던 프랑스길 일부 600km, 그리고 어릴 적 친구들과 동행했던 포르투길 300km가 그것이다. 지금도 그 길을 사랑하고 앞으로도 그럴 수 있어서 나의 순례길 이야기를 하려고 한다.

나는 걷는 것이 좋다. 그래서 시간 나는 대로 공원이나 야트막한 산, 또는 둘레길을 걷는다. 걸으면서 들이마시는 숨이 좋고 걷는 이들의 모습을 보는 것이 좋다. 내 발의 움직임과 힘들 때 배어 나오는 숨소리도 내게 활력을 주어서 좋다. 한 발 한 발 걸어서 만나는 경험, 나는 이것을 소중하게 여겨서 걷는 즐거움을 누린다.

그중에서도 끊임없이 행복한 마음을 만들어주는 산티아고 순례길은 "안 가본 사람들은 있어도 한 번만 가는 사람들은 없다."라고 말할 정도로 많은 이들과 내가 사랑하는 길이다.

2018년 여름, 어느 날이었다. 텔레비전을 보던 남편이 나를 불렀다. 정치인 심상정씨가 스페인의 어느 숙소에서 봉사하고 있다고, 함께 보자고 했다. 대걸레로 청소하고 주방에서 식사 준비를 하면서 순례자들과 이야기하는 모습이 신기했던 것 같다. 그녀의 정치적 소신과 행보를 좋아했었고, 여행을 좋아하는 우리였기에 신선하고 재미있는 장면들에 금방 빠져들었다. 그런데 갑자기 남편이 한 마디 툭 던졌다.

"당신도 저기 가 봐."

"나? 나 저기 가라고? 그래, 알았어."

이렇게 대답한 나는 그 당시 산티아고 순례길을 들어서 알고 있었다. 하지만 혼자 가볼 생각을 한 적이 없었다. 아마도 남편은 걷는 것을 즐기던 나에게 그냥 던져 본 말이었을 것이다. 그래도 내가 누군가? 하하. 여행을 가라는데 기회를 놓칠 수 없었다.

"나도 당신 젊을 때 중국여행을 길게 보낸 적이 있으니까 이번엔 내가 가는 거 괜찮네."

이런 짧은 대화로 시작된 길이었다.

그 이후로 틈틈이 시간 내서 순례길을 알아보기 시작했다. 인터넷에서 다녀온 후기를 열심히 찾아보았다. 관련 도서들도 찾아서 읽었는데 나에게 꼭 필요한 길, 반드시 가봐야 할 길이라는 확신이 들었다.

그해 10월에 '그저 걸어 봐!—최미경' 이라는 48일간의 계획표를 남편에게 내밀었다. 좀 놀란 표정으로 가고 싶으면 가라고 했다. 하고 싶은 것을 하고야 마는 고집을 알기에 그랬을 수도 있다. 하지만 나에게는 결단과 도전의 의미가 컸다.

그 후로 산티아고 데 콤포스텔라에 이르는 루트 중 가장 많은 사람이 걷는 프랑스길을 선택한 다음 비행기 표와 기차표를 끊었다. 그리고 매일매일 걷는 연습을 했다. 신이 났다. 가슴도 뛰었다. 돌아다니는 것을 좋아하는 나는 이때다 싶어서 파리의 에펠탑과 루브르박물관 관람을 일정에 넣었다. 몹시 기대에 부풀었다. 이렇게 파리 여행을 마치면 순례자로서 나의 하나님과 동행하겠다는 결심도 굳건했다. 그뿐인가? 33일 일정으로 순례길을 끝내고 포르투갈 여행도 계획했다. 심신을 토닥이고 마무리할 수 있도록 한적한 도시 포르투로 쭉 내려가서 쉬고, 수도 리스본을 가기로 계획했다.

이렇게 긴 여정으로 45일을 꽉꽉 채워놓았다. 뿌듯했다. 한반도에 사는 나로서는 국경 넘는 일이 예사롭지 않은 터였다. 그런데 솅겐조약을 맺은 유럽 나라들끼리는 옆 동네 드나들 듯 왕래하니 신기할 따름이라서 내 순례 일정이 참 마음에 들었다.

3월 출발이어서 한겨울 동안 걷기 연습을 해야만 했다. 칼바람이 불거나 많은 눈이 내리거나 길이 미끄러운 게 걸림돌이 되지 않았다. 오히려 혹한을 이겨내며 하루 2~3만 보를 걸어서 자신감이 생겼다.

그런데 출발 한 달쯤 앞두고 불안이 엄습해서 '내가 무슨 일을 저지르고 있는 거지? 프랑스는 처음인데 이 도시에서 저 도시로 잘 이동할 수 있을까? 33일 동안 800km를 어떻게 걷지? 언어도 원활하지 않을 텐데 길을 잃으면 어떡하나?' 하는 초조함에 어쩔 줄 몰랐다.

옆지기 남편한테 나 어떡하냐고 물어도 스스로 선택한 거니까 알아서 하라는 관망조의 대답뿐 위로가 되지 않았다. 섭섭하기만 했다. 순례길을 포기하고 싶었다. 그러자니 버려지는 돈도 아까웠고, 멋지다고 응원해주었던 주변 사람들에게 부끄러워할 것이 뻔한 일이었다. 무엇보다 나에게 실망하고 후회할 것을 알았기에 그냥 시간에 맡기기로 했다.

시간이 약이라는 말이 맞았다. 출발 일주일쯤을 앞두고 마음도, 몸도 아주 편안해졌다. 순례길 전후로 계획했던 여행 준비도 잘 해두었고, 순례길을 걷기에 최적인 컨디션도 확보했고, 긴 기간 필요한 배낭과 순례자의 물품도 어느 정도 마련했다.

그렇게 8kg이면 충분한 순례자의 배낭을 메고 다녀왔던 산티아고 데 콤포스텔라 순례길이었다.

요즘도 가끔 그때 찍었던 사진들을 본다. 노란 화살표가 있어서 길을 잃지 않았다. 순례자들을 위해 향연을 베푸는 듯 펼쳐진 뭉게구름과 먹구름에 발걸음을 늦추기도 했고 재촉하기도 했다. 수백 년은 됐을 법한 아름드리나무들은 내 숨을 고르게 했다. 뙤약볕 아래서 자갈밭을 걸었을 때는 예수님의 고난이 떠올라 눈시울이 붉어지기도 했다.

가끔, 보고 겪었던 시간이 고스란히 담긴 사진을 보면 내가 순례길을 사랑하고 있구나 싶다. 마음이 좋지 않을 때나 허전할 때나 소심해지는 순간이 올 때마다 그 시간을 돌이켜 보면 위로가 되고 용기가 생긴다. 고집스런 결단이었다고 생각할 수 있지만, 내게는 결연함을 배울 수 있는 감사와 도전과 의지였다. 그래서 앞으로 살아갈 삶을 순례자의 태도로 마주한다면 부끄럽지 않은 인생이 될 것 같다.

산티아고 순례길이 좋다. 노란 화살표만 따라가면 된다. 마치 나의 하나님만을 따르면 되는 삶의 순례길처럼 말이다. 나는 이후로 두 번 더 순례길을 다녀왔다. 800km 이후 두 번에 걸쳐서 900km를 더 걸었다.

끝나지 않은 나의 순례길 사랑은 지금도 진행형이다.

나를 마주하다

나를 마주하다

하루 중 거울을 가장 많이 보는 시간은 아침이다. 출근 준비를 할 때 거울 속 내 모습이 단정한지 살피며 옅은 화장을 한다. 친구하고 약속이 있는 날은 머리 스타일을 신경 쓰느라 더 들여다본다. 주일 이른 아침에는 푸석한 얼굴을 보고 얼른 잠 깨려고 안면근육을 움직여보기도 한다.

나도 거울 보는 시간이 꽤 된다. 내 모습을 살피고 가꾸는 일이 중요하긴 한데, 문득 그런 생각이 든다.

'내면의 거울도 봐야지.'

사람은 마흔이 되면 자기 얼굴을 책임져야 한다고 했다. 링컨 대통령이 한 말인데, 삶을 어떻게 살아왔고 어떤 성품을 가졌는지 그대로 드러나니까 그랬을 거다. 외모만큼 내면이 중요함을 생각하게 하는 명언이다. 그 나이를 훌쩍 넘어선 나는 책임질 수 있는 얼굴로 거울을 마주하고 있는가?

오십이 훌쩍 넘으면서 친구들은 조언하기 시작했다. 피부과도 다니고, 눈썹 문신이나 라인을 그려서 눈빛을 선명하게 해라, 리프팅이나 보톡스를 하지 않는 여자들이 없으니 좀 해라, 인상을 써서 잡힌

미간 주름을 펴라 등등……. 얼굴을 가꾸면서 예쁜 모습을 잘 유지하고 있는 내 친구는 진심을 담아서 말해주기도 했다.

"미경아. 넌 한 방이면 돼. 그 이마 주름, 그거 보톡스 딱 한 방이면 되니까 꼭 해. 비싸지도 않아."

다른 친구도 똑같은 말을 해서 신기할 정도다. 더구나 할인 이벤트 하는 피부과를 문자로 알려주기도 했다. 그러나 한방이면 된다는 이마 한가운데 주름은 아직도 그대로다. 게으른 성향이기도 하고, 지금의 내 모습이 싫지 않아서 그런 듯하다. 마흔 이후로 '나이 듦'을 자연스럽게 받아들이자고 줄곧 생각해 왔으니 말이다. 그러던 내가 피부과를 다니면서 얼굴 수선을 해야만 하던 때가 있었다.

그저 걸어보자며 48일간의 여정을 시작한 2019년 3월 8일.

파리 샤를 드골 공항에 도착해서 예약해 놓은 아파트로 가려면 공항과 도심을 잇는 열차 RER을 타야 했다. 소매치기 조심하라는 얘기를 하도 많이 들어서 경계심이 가득했다. 무엇을 보아도, 누굴 스쳐도 마음이 놓이지 않았다. 미리 조사한 대로 기차 타러 이동하는데 막상 플랫폼에 도착하니 어느 쪽으로 타야 할지 헷갈렸다. 더구나 교체한 해외 유심이 터지지 않아서 알아볼 수도 없고 난감했다.

어깨에 멘 배낭끈을 꽉 움켜잡고 누군가에게 물어보려고 주춤주춤 살피는데 다들 바삐 움직였다. 낯선 사람들 틈에서 누구에게 말을 걸까 고민하고 있는데 한 아가씨가 먼저 다가와 어디를 가냐며 말을 걸어왔다. 순간 경계심이 생겨서 마음을 움츠렸다. 인쇄해간 아파트 주소를 보여주고 어느 열차를 타야 하냐며 얼굴을 바라보았다. 그런데 익숙하지 않은 흑인 여성의 얼굴빛과 눈빛에 내 용기는 또 한 번

오그라들었다. 하지만 기우였고 오해였다. 열차에 함께 올라타서 노선도를 보여주며 내가 내려야 할 정류장을 알려주는 그녀 얼굴엔 미소가 있었다. 좋은 여행 되라고 말했던 걸 보면 내가 아시아에서 온 외국인이어서 도움을 준 듯했다. 내 첫 마음은 경계심이었는데 상대방은 배려였다. 피부색이 주는 편견이 부끄러웠다.

여행하면서 좋은 사람들을 많이 만나보았다. 그런데도 낯선 곳에서 만나는 이들을 편견과 경계로 바라보는 내 모습이 어리석었다. 마치 달팽이가 껍데기 집에 몸을 꼭꼭 숨기는 모습처럼 내가 그랬다. 그 집에서 나와야 기어갈 수 있고 세상을 만날 수 있다는 것을 알면서 말이다. 내 편견이 부끄러운 주름 하나를 더 만들었다.

모든 것이 낯선 초행길이었다. 예약한 아파트를 어찌어찌해서 찾았다. 육중한 출입문이 나를 맞았다. 유럽의 여느 건축물들처럼 지반이 견고한 터에 오래전 건축한 석조건물이 멋있어 보이기도 하고 부담스럽기도 했다. 편리한 현대적 건물이나 아파트에 익숙해서 그랬을 것이다. 엘리베이터는 전자동 개폐식 문이 아니고 '딩동' 하는 도착음과 함께 손수 여닫이문을 열어야 했다. 우리나라 엘리베이터와는 달리 작고 느렸다. 3층으로 올라가는 동안 좁은 공간 속 유리문에 비친 모습은 내 어릴 적 별명처럼 아수라 백작이었다. 너무나 좋아했던 만화영화 마징가 제트의 악역인데 남자와 여자가 반반인 인물처럼, RER을 탈 때 내 모습이 꼭 그랬다. 도움받고 싶은 마음 반, 경계하는 마음 반…….

숙소에 도착할 때까지 긴장으로 꽉 찼던 마음을 무거운 배낭과 함께 내려놓고 밖으로 나왔다. 그제야 뭐가 좀 보였다. 초봄을 맞은 파리의 오후 햇살은 내가 사는 고양시보다 뜨거웠다. 인천에서 비행기를 타고 하늘로 오를 때는 뿌연 하늘이었는데 그곳은 구름 한 점 없이 파랬다.

배낭에 넣어간 빨간색 크록스 샌들을 신고 파리에서의 3박 4일을 누볐다. 곧 순례자가 될 테니까 뚜벅이로 곳곳을 걸었다. 이틀째부터는 경계심도 없어졌다. 스치며 만나는 사람들도 반가웠다. 기대했던 에펠탑을 보며 감격했다. 센 강변을 따라 늘어선 오래된 건물과 집을 보았고 데이트하는 연인들을 지나칠 땐 내 마음도 청춘의 봄날에 머무르는 듯했다.

노트르담 대성당도 만났다. 그런데 그 후로 순례길을 걷던 4월 15일에 대성당 화재뉴스를 들었다. 생생하게 기억하는 아름다운 건축물이 불타고 있는 TV 화면을 보고 있자니까 안타까웠다. 화재 직전에 관람한 나는 행운이었다는 생각도 들었다. 복원하는 데 오랜 시간이 걸렸으니 여정을 늦게 잡았더라면 못 봤을 것이다.

책으로 만났던 루브르의 유리 피라미드를 보는 순간도 행복했다. 오전에 들어가서 오후까지 배고픈 줄 모르고 구석구석 걸어 다녔던 박물관에서의 시간은 달팽이가 된 나만의 것이었다.

경계와 편견이라는 껍데기에서 나와 느릿느릿 다니며 사람을 바라보았고 문화를 겪는 것이 좋았다.

그렇게 짧은 파리 여행을 마치고 남부의 바욘이라는 소도시로 이동하면서 떼제베를 탔다. 승차장을 찾아 좌석 번호를 확인하면서 내 자리에 앉기까지 모든 것이 새로웠다. 마냥 신기했고, 옆옆이 있는 사람들이 다 좋은 이들 같았다. 그리고 내 어깨를 막 토닥여주고도 싶었다. 한 과정을 잘 해냈다는 성취감에 들떠서 핸드폰 카메라를 들어 가족들에게 보낼 영상 편지를 찍었다. 그리고 다시 살펴보는데 내 얼굴이 이상해 보였다. 이른 새벽에 배낭을 메고 움직인 탓이었을까 생각하며 차창 유리에 내 얼굴을 비추어보았다. 주근깨가 거뭇거뭇 올라왔고 기미도 보였다.

그때 가족 카톡방의 알림이 울렸다. 내 영상 편지를 본 남편과 딸의 톡이었다.

"얼굴 살도 좀 빠지고 예뻐 보여."

"엄마, 멋지당."

하지만 내 속마음은 이미 불편했다. 엉망이 되기 전에 자주 들여다봐야 했는데 너무 열심히 걷기만 했다.

내 감정이 내면과 외모 사이에서 좌충우돌이었다.

이후로 바욘을 거쳐서 산티아고 순례길을 걷는 33일 동안 선크림을 꾸준히 발랐다. 아침에 한 번 바르고 마는 것이 문제였지만……. 순례자로서 걸어야 했으니까 거울을 보며 수시로 매만질 여유는 없었다. 길에 집중했고 묵상에 전념했다. 만나는 이들에게 한국인 순례자의 좋은 모습을 보여주고 싶었다. 또 길 위에서 동행하는 순례자들과 친구가 되려고 노력했다.

순례자는 그 삶의 무게 만큼을 배낭에 넣어서 걸어야 하기에 이것저것 얼굴 가꿀 화장품을 넣을 수가 없었다. 손거울 하나의 무게도 뺐다. 입은 옷 한 벌, 다음날 입을 옷 한 벌과 약간의 비상 약품, 샌들, 침낭, 판초 정도의 무게로 800km를 걸어야 했으니까.

힘든 상황에서 얼굴 가꾸기가 뒷전인 것은 당연했다. 대신에 나를 포기하지는 않았다. 혼자 걸을 때, 새로운 순례자와 만나서 함께 걸을 때, 한국인들과 까미노 가족(긴 순례길에서 앞서거니 뒤서거니 하면서 계속 만나 각별한 우정이 생겼고 서로 가족처럼 챙기게 돼서 그렇게 불렀다. 나는 이들과 지금도 우정을 쌓고 있다.)이 되어 걸을 때 부끄럽지 않은 내가 되려고 최선을 다했다.

나는 그림자가 까맣다고만 생각했다. 하지만 순례길에서 만난 내 그림자는 표정이, 색깔이, 역할이 다 달랐다. 메세타 구간(스페인의 고원지대 구간)을 혼자 걸으면서 너무 힘들었을 때 내 그림자가 말동무였다. 다른 이들과 함께 걷는 내 그림자는 춤을 추었고, 힘들 때면 어김없이 축 늘어진 어깨를 토닥여주어서 다시 힘을 내기도 했다. 이렇게 걷다 보니 얼굴보다 내 마음을 먼저 보려 했고 다른 순례자들의 마음을 우선 헤아리게 됐다. 그렇게 34일, 800km를 끝냈다.

순례길을 걷고 나니까 피부 속에 숨어있던 기미가 확 올라왔다. 당당하고 대견한 결과물이었지만 일상으로 돌아와서 수선이 필요했다. 그 당시 백 수십만 원을 선결제하고 10회에 걸쳐 피부과를 다녔는데 기미와 잡티를 제거하는 패키지였다. 이름도 생각나지 않는 각종 레이저와 마사지로 관리를 받았다. 뭔가 잡티가 없어진 것 같았고 얼굴빛이 투명해지기도 했다. 그래서 따갑기로 유명한 스페인 태양을 다시 보고 싶지 않을 거다 싶겠지만 그렇지 않다. 피부관리를 받지 않아도 오래도록 빛날 수 있는 내면을 채울 수 있었으니까 나는 그 길을 늘 그리워한다. 그 이후로 900km를 더 걸었고, 앞으로도 걸으려고 한다.

하나님과 동행하는 나. 그런 나를 마주하는 순례길에서 편견과 모순을 깨닫는 내 모습과 시간을 사랑한다.

산티아고 순례길 · 1

- 빨간 수첩

산티아고 순례길 · 1

- 빨간 수첩

생장 - 팜플로나

나는 오래 기억하려고 기록을 한다. 듣는 얘기를 흘려 버리지 않고 정리해 두려고 끄적끄적 적는 버릇이 있다. 그러다 보면 어느새 생각이 논리적으로 정돈되는 것을 경험하기도 한다. 또 사소한 일들을 잘 잊어버려서 핸드폰 달력에 저장한다. 필요해서 시작한 일인데 지금은 그냥 습관처럼, 틈나는 대로 기록해둔다. 이쯤 되면 취미이기도 하다. 뭔가를 적어두면 마음이 안정된다고 해야 할까?

지금 내 앞에 빨간 수첩 한 권이 놓여있다. 가로 10*세로 20 크기로 손바닥만 한 것이 아주 마음에 든다. 쨍한 색깔이 좋고, 2019년에 걸었던 순례길의 기록이 남아있어서다. 오랜만에 그것을 꺼내서 읽던 요 며칠, 새삼 행복하다. 길에서 만난 사람들 이야기가 새록새록 떠오르면서 기억을 되짚는다.

빨간 수첩의 무게 120g은 순례자의 배낭에서 비중이 크다. 그런데도 그 빨간 수첩을 가져간 이유는 빳빳한 표지 때문에 한참 가지고 다녀도 찢어지지 않을 것 같았고, 그 색깔이 마음에 들어서였다. 그 안에는 내 삶의 중심을 잡아줄 묵직한 추억이 담겨있고, 사그라드는 열정에 불을 지필 장작도 있다. 소중한 빨간 수첩의 일기 몇 편을 꺼낸다.

3월 12일 화요일. 프랑스 생장
말씀 묵상 - 야고보서 3장
5절 '얼마나 작은 불이 얼마나 많은 나무를 태우는가?'
18절 '화평하게 하는 자들은 화평으로 심어 의의 열매를 거두느니라'
기도 - 주님! 화평케 하는 말들을 하게 하소서.

3월 13일 수요일. 발카를로스

순례자의 첫날. 55번 알베르게(알베르게란 순례길이 지나는 마을마다 있는 숙박 시설을 말한다.)에서 많은 사람이 그렇듯 나도 배낭을 정비해서 메고 발카를로스로 향했다. 모두 빠르다. 비가 내렸다. 비옷, 스틱, 배낭이 익숙하지 않지만 기뻤다. 행복했다.

나와 비슷하게 걷는 릴리. 프랑스에서 온 44세 엄마로 18세 딸이 있단다. 나도 딸이 하나 있다고, 보고 싶다고 대꾸했다. 빗길에 지쳤을 때 힘내자고 격려해 주었다. 배고픔과 추위에 덜덜 떨며 들어선 카페에 릴리가 있어서 반가웠다. 서로 응원메모도 교환했다.

"I hope you have a wonderful time. And keep your smile, it's really nice." -Lilie.

3월 14일 목요일. 스페인 론세스바예스

어제 내린 비와 추위로 고생한 우리 순례자들은 동병상련의 마음으로 하룻밤 만에 친해졌다. 낯선 이들끼리 누가 먼저랄 것도 없이 인사하고 함께 식사했다. 왜 이 길을 걷는지 이야기를 나눴다. 그리고 우리 모두 꿀잠을 잤다.

출발 준비하는 순례자 아침은 분주했다. 나도 부스럭거리며 가방을 쌌다. 출국하기 전에 우리나라를 상징하는 자석 기념품을 준비했다. 그것을 주머니에서 하나씩 꺼내 선물했다. 호주에서 온 매튜 할아버지는 시드니에서 산다고 했다. 명함을 주었는데, 멋진 직업을 가진 분이었다. 헬리콥터

조정을 가르친다고 했다. 씩 웃으면서 얘기하는 할아버지 모습을 닮은 안동 하회탈 자석을 드렸다. 그것을 받아들고 당신 할머니 얼굴 같다며 너무 좋아했다.

오늘도 비! 우와 날이 험상궂다. 우린 단단히 채비했다. 함께 사진 한 컷 찍은 뒤 배리를 캡틴으로 세우고 매튜와 존과 그의 엄마와 함께 힘찬 출발. 피레네산맥을 넘는 험난한 하루였으나 배리와 존이 준비해서 먹은 아침식사로 힘을 내며 걸었다.

짧은 영어로 말하고 듣자니 조금 힘들다. 영어공부 필요하다.

3월 15일 금요일. 수비리

어제 호주에서 온 배리가 핸드폰 충전기를 잃어버렸다고 해서 내 것을 빌려주었다. 이 길에서는 8kg 무게의 배낭만큼 중요한 게 핸드폰이다. 까미노(순례길을 뜻하는 스페인어다.) 지도를 보아야 하고, 어느 알베르게가 문을 열어 놓았는지 확인해야 하며, 배고픈 순례자를 위한 맛집이 어디 있는지 찾기도 한다. 친구가 된 이들끼리 왓츠앱을 통해 소식도 주고받는다. 이것이 방전되면 순례자는 당황스럽다. 도와주어서 고맙다고 인사하던 배리가 내 빨간 수첩에 글을 남기고 싶다고 했다.

"It was lovely to meet you and spend some time on the Camino with you. Enjoy & safe travels. Buen Camino."

-Barry Beechey

고마운 마음을 배낭에 넣고 오늘도 출발.

론세스바예스에서 수비리까지는 기도하게 하는 길! 혼자 숲을 걸을 땐 기도가 저절로 나왔고, 찬양을 흥얼거리기도 했다.

"주는 너를 지키시는 자 너의 우편에 그늘 되시니……."

그렇게 수비리의 리오 알베르게에 도착했다. 그런데 늦도록 다른 순례자가 들어오지 않았다. '3월은 비수기라더니 혼자 자는 게 좀 걱정이다.' 생각했는데 6시가 다 되어서 들어온 코스타리카 순례자 그레고리.

'아이쿠 외간남자랑 둘이 한방에서 자야 하다니!'

내가 긴장하는 기색이 보여서였을까? 그레고리는, 자기는 독실한 카톨릭 신자다, 아들이 셋 있는데 개구쟁이들이며 축복이다, 휴식이 필요했는데 아내가 순례에 나서도록 도와주어서 고맙다며 물어보지 않는 것들을 얘기했다. 내 얘기도 들려주고, 밤사이에 코를 골아도 양해해 달라고 서로 부탁했다.

3월 16일 토요일. 팜플로나

한참 동생이지만 그레고리와 6인실 방에서 단둘이 자는 것은 어색했다. 더구나 그는 외국인 아닌가? 지난밤이 편하지는 않았다. 그래도 난 쉰이 훌쩍 넘은 한국의 아줌마. 신경 안 쓰고 일찍 일어나서 조식을 먹은 뒤, 알베르게 주인 할아버지와 그레고리에게 기념품과 메모를 남기고 출발했다.

헤밍웨이의 문학 배경이 되기도 했고, 즐겨 찾아서 커피를 마셨다는 도시 팜플로나로 가는 길이다. 걷는 내내 다른 순례자가 보이지 않았다. 너무 일찍 출발했나? 5일째 걸으며 쌓인 피로감과 외로움이 무게를 더했다. 한 걸음 한 걸음이 힘겨웠다. 내리막이나 자갈길은 더 고되었다. 예수님의 고난은 이보다 더 고통스러웠을 생각에 다다르니 회개가 저절로 나왔다. 지금은 사순절 기간이다. 묵상하며 걷는 순례길이 감사와 울컥함으로 다가왔다.

알베르게에 도착하니 순례길 첫 친구인 릴리, 존과 그 엄마가 있었다. 릴리 덕분에 순례자를 위한 기부도 받았다. 나는 팜플로나 대학교 학생들이 마사지를 봉사한다는 정보를 알 리가 없었다. 그런데 프랑스 친구 덕분에 피곤한 순례자는 마사지를 받으며 그 고단함을 풀었다.

여기에서 걷기 시작하는 한국인 청년 둘을 만났다. 그들과 함께 샐러드와 밥과 스테이크를 준비해서 푸짐한 저녁을 먹었다. 엄마의 마음으로 식탁을 준비하고 먹어서인지 뿌듯한 순례자가 되었다. 라면까지 먹는 행복을 누렸다. 감사하다.

다시 읽으니 내 마음은 어느새 길 위에 서 있다.
이 기록은, 지난 며칠간 내 심기를 불편하게 하는 남편 때문에 한

숨짓고 있는 나를 감싸준다. 먼 나라에서 봉사활동 중인 딸을 그리워하는 나를 토닥이는 기억이다. 오늘 흐릿한 하늘에서 겨울비가 내려 쓸쓸해진 나를 감싸는 담요도 된다.

길을 걸을 때처럼, 난 오늘도 내 삶의 순례길을 걷는다.

"다 괜찮아. 그저 걸어 봐."

산티아고 순례길 · 2

- 길에서 보다

산티아고 순례길 · 2
- 길에서 보다

팜플로나 - 에스떼야

3월 초, 봄이다. 봄빛을 좋아하는 나는 이맘때가 되면 틈나는 대로 밖으로 나가서 길 위에 선다. 그때의 햇살은 여름, 가을, 겨울과 다른 생명과 도약을 느끼게 한다. '생명', '도약' 이라는 표현이 거창해 보인다. 하지만 나에게는 살아있음과 희망을 주는 세밀한 감정이고, 이것을 놓치지 않고 누리려 한다.

길을 걷다가 해를 향해서 다섯 손가락을 쫙 펴면 빗살이 만들어진다. 또, 온종일 받았던 볕으로 금방 터질 것 같은 목련꽃 봉오리가 하늘을 찌른다. 이런 장면을 보면 뭔가 하고 싶은 일들이 머릿속에 떠오르기도 한다.

나는 일산 호수공원 산책을 즐긴다. 초봄이면 호숫가에 가서 늘어진 수양버들의 나뭇가지 한 줌을 움켜쥐는 습관이 있다. 샛노랗게 뽐내면서 차가운 온도를 내 손바닥에 전하는 그 순간이 좋다. 그럴 때면 어떤 일이든지 해낼 수 있을 것 같은 에너지를 얻는다. 그 쨍한 기운이 길 위에서 얻는 비타민 같다고 할까? 이런 감정과 느낌도 좋지만, 그 길에서 스치는 사람들에게 인생을 배우기도 한다. 노쇠해진 몸을 의지하며 손잡고 걷는 노부부에게서 따뜻한 삶을 본다. 유모차에서 일그러진 얼굴로 떼쓰는 아가 모습은 아무리 봐도 밉지 않다. 어떤 이는 침을 뱉어서 보는 사람을 불쾌하게 만든다. 이런 행동은 그가 지닌 삶의 태도를 적나라하게 보여준다.

산책하는 동안 스치는 사람을 보며 희비의 감정과 배움을 갖는다. 그것이 얕은 시냇물과도 같다면, 깊은 강물처럼 묵직한 감동을 준, 순례길 위에서 본 사람들이 몇몇 있다.

슬로바키아에서 온 사촌 자매 순례자 모니카와 카탈리나가 그랬다. 팜플로나에서 얼마를 걷다 보면 '용서의 언덕' 이라는 구간이 나온다. 3월 중순께 걸었던 그 길은 이른 봄기운으로 쌀쌀했다. 겨울을 지낸 삭막한 들판에 봄이 피어올랐다. 먼발치에 보이는 언덕을 보며 그 유명한 곳이구나 싶어서 발걸음을 재촉했다. 아, 그런데 그 언덕은 고난이었다. 힘들어서 오르는 것을 포기해도 용서한다는 의미가 있다고 한다. 또, 고통스러운 그 길을 오르며 용서할 사람이나 용서받을 일을 위해 기도하는 구간이라고도 한다. 순례자로서 의미 있는 구간이라고 생각했다. 하지만 가파른 언덕길, 거센 바람, 너무 큰 풍력발전기의 날개는 두려움이고 고통이었다.

그날은 내내 혼자 걸었던 날이다. 마땅히 쉴 곳이 없어서 터벅터벅 걷기만 하다가 만난 언덕은 만만하지 않았다. 숨이 턱에 찼고 윙윙 돌아가는 발전기의 굉음이 무서웠다. '저렇게 큰 것이 쓰러지면 어쩌지?' 하는 황당한 생각에 휩싸이기도 했다. 비탈진 오르막을 긴장과 고통으로 한 발 한 발 옮기고 있을 때였다. 갑자기 뒤에서 낭랑한 하모니의 이중창이 들렸다. 외국인 여성 두 명이 숨을 헐떡이기 바쁜 내게 "Buen Camino 부엔 까미노!" 하면서 미소를 한가득 주고

가는 것이 아닌가? 당신들 목소리는 천사라며 나 또한 부엔 까미노라고 인사해 주었다. 그 순간, 그녀들 뒷모습에서 즐거움이 낳은 에너지를 보았다. 힘들어서 터벅터벅 걷는 나와는 달리 그녀들 걸음은 가뿐했다.

"아, 같은 길 위에서 이렇게 다를 수 있구나. 아마 인생도 그럴 거야."

그렇게 언덕 위를 올라 순례자 조형물을 보고 사진 찍으며 힘들다고 투덜거렸던 나를 용서했다.

이튿날, 다시 배낭을 메고 에스떼야라는 마을을 가면서 걷는 길은 선물이었다. 지난 6일 동안 힘들게 걸었던 고통을 보상하는 것처럼 어여쁜 마을들을 지났다. 구불구불한 스페인 시골 마을이 한적하고 아름다웠다. 파릇파릇해지는 들을 지나면서 하늘과 구름과 나무를 보니 모든 게 감사했다. 감탄이 연이어질 정도로 편안한 길이었다. 걷다가 힘들면 마침 쉴 만한 의자가 딱 나와서 더 바랄 것이 없었다. 그렇게 알베르게에 도착했는데 전날 만났던 하모니 여성 두 명이 있었다. 더구나 순례길에서 처음 만났던 프랑스 친구 릴리도 거기에 있는 것이 아닌가? 얼마나 반갑던지 누가 먼저랄 것 없이 포옹했다. 아마도 '긴 순례길에서 우리 모두 여기까지 무탈하게 잘 왔어.' 하는 안도감과 반가움으로 그랬을 것이다.

순례자는 숙소에 도착하면 삼삼오오 현지 식당에 가서 저녁을 먹거나 함께 음식을 준비해서 먹는다. 모두 길에서 만난 사람들이지만 각별한 우정이 생기는 경험들이다. 그날도 그랬다. 해후라고 해도 될 만큼 반가운 우리는 그제야 이름이며 국적이며 왜 걷는지를 이야기했다. 물론 짧은 영어로 하는 대화였지만 우리 각자의 진심이 충분히 전달되는 시간이었다. 이틀째 보는 사이가 아니라 한두 달 생사고락을 함께 한 사람들처럼 친근했다.

사촌인 그녀들은 까미노를 걷기 위해서 모였다고 했다. 언니 모니카는 슬로바키아에서 살고, 동생 카탈리나는 영국에서 거주 중인 간호사라고 했다. 이런저런 이야기를 나누며 함께 저녁 식사를 준비했다. 나는 채소들을 넣어서 볶음밥을 만들었고 그녀들은 슬로바키아 음식을 만들었다. 어설픈 스틱사용을 가르쳐주었던 브라질의 페드로와 그의 삼총사도 자기네 음식을 만들었다. 처음 본 독일인, 미국인들과 함께 각자의 음식을 준비했다. 릴리도 함께 했다. 긴 식탁에 올려놓고 나눠 먹는 순례자들은 모두 함박웃음이었다. 처음 만난 승환씨의 까미노 친구들이 나의 친구가 되는 날이기도 했다. 길 위에선 누구나 친구가 될 수 있다. 마드리드에서 온 주트와 정이 많아 보이는 네우스가 솜씨를 발휘해서 만든 샹그리아를 즐겁게 마셨던 우리. 정겨웠다.

5년이라는 시간이 지나서 나는 또다시 그 3월의 한 날을 보내고 있다. 그 길에서 보았던 것을, 추억으로 다시 보며 웃음 짓고 힘낸다.

산티아고 순례길 · 3

- 그리움

산티아고 순례길 · 3

- 그리움

에스떼야 - 나혜라

"예아빛! 보고 싶어."

" …… "

"다돌, 다빈, 보고 싶다."

자정이 다 되어가는 이 시간에 마음의 외침만 계속된다.

코이카 봉사활동을 한다고 볼리비아로 날아간 다빈이는 내 딸이자 가장 젊은 내 친구다. 외둥이라서 그랬는지 어릴 때는 '다돌이' 라고 부르곤 했다. 딸처럼 아들처럼 생각하고 싶었던 마음에서 그랬던 것 같다. 초등학생이 된 어느 날, 자기 이름 한자어 뜻이 무엇이냐고 물었다. 그래서 "아름다운 빛" 이라고 대답했다. 그런 빛을 많은 사람에게 비추며 살면 좋겠다는 의미라고 말해주었다. '예수님의 아름다운 빛으로 성장하는 사람이 되자' 라고 덧붙이는 설명을 하다 보니까 줄여서 '예 · 아 · 빛' 이라는 애칭을 하나 더 만들게 됐다.

우리 딸 다빈이, 다돌이, 예아빛이 보고 싶다. 어제 잠깐 텔레비전을 보는데 예쁜 마카롱을 먹는 장면이 나왔다. 그때 딸 생각이 훅 들어오면서 옆에 앉아 있던 남편에게 한마디 던졌다.

"우리 딸이 없으니까 저런 마카롱 먹어볼 일이 없네."

묵묵부답이다.

"다빈이가 볼리바아로 떠난 후로는 예쁜 카페에서 커피를 언제 마셔봤는지 생각도 안 나."

역시 아무 말도 하지 않는다. 그렇다. 내 딸이자 내 가장 젊은 친구인 다빈이가 멀리 있으니까 누릴 수 없는 것들이 너무 많다. 잠이 쏟아질 때까지 함께 이야기를 나누는 시간에 담겼던 깔깔웃음이 없다. '요즘 뜨는 핫플' 이라며 데려갔던 카페의 고즈넉함과 평온을 누려볼 기회가 없다. 우리는 한적함을 좋아하는 정서가 같았다. 그래서 더 보고 싶고 아쉽고 허전하다. 난 오늘도 기도한다. 봉사활동 잘 마치고 와서 비워둔 내 친구 자리에 다시 앉기를…….

또 다른 그리움이 있다.

아영, 혜진, 수정, 승환씨, 현태씨, 매튜, 배리, 릴리, 네우스, 주트, 제니, 크리스티안, 우테, 모니카, 카탈리나, 우도, 제랄딘, 짐과 네이트, 자리스, 페드로, 리옹, 달리스……. 이들과 함께 걸었던 시간을 생각하면 종종 힘을 얻기도 한다. 그리고 다시 떠날 궁리를 하곤 한다. 요즘 산티아고 순례길을 회상하는 글을 쓰기 시작했는데, 까미노에서 만난 이 친구들이 더 그립다.

'다들 잘 지내고 있겠지?'

핸드폰에 남겨둔 사진을 본다. 빨간 수첩에 적어놓은 글도 읽어본다. 기억이 새록새록 떠오르면서 회상이 주는 기쁨을 누린다.

> 3월 19일 화요일
> 오늘은 에스테야에서 토레스 델 리오까지 갈 생각이었다. 비가 추적

추적 내려서 비옷을 입은 채 나섰다. 걷다 보면 이라체 수도원을 만나는데 순례자를 위해 항상 물과 와인을 준비해 둔다고 했다. 목마름을 채우라는 의미다. 마침 어제 본 승환씨를 만나서 와인 시음 사진도 찍었다. 오늘 목적지인 토레스 델 리오에서 보자고 인사한 뒤 다시 발걸음을 옮겼다.

가는 길에 길고 긴 밀밭 길을 걸었다. 마음이 훤해지는 듯했다. 다시 접어든 산길에서 한 시간쯤 혼자 걷는데 으슥한 분위기에 긴장감이 돌았다. 찬양하고 기도하면서 두려움을 이기려고 성큼성큼 걷는데 혜진씨가 나타났다. 사람이 이렇게 반갑다니……, 잊고 지낼법한 사실을 다시 절감했다. 팜플로나에서 함께 저녁을 먹었던 딸 또래의 그녀 속도에 맞춰서 열심히 걸었다. 이야기를 나누다 보니 믿음 좋은 크리스천이어서 더 의지가 됐던 것 같다. 덕분에 좋은 길동무가 되었다. 하지만 29km가 버거워서 그 전 마을인 로스 아르코스까지만 걷기로 했다. '그래 21km도 충분해' 라고 생각하며 10유로 알베르게에 짐을 풀었다. 혜진씨와 함께 맛있는 참치 볶음과 쌀밥으로 후한 저녁을 해 먹고 하루를 마무리했다.

3월 20일 수요일

알베르게에서 한국인은 우리 둘뿐이었다. 전날 밥을 먹으면서 호칭 정리를 했다. '초이님' 과 '혜진' 이라고 부르기로 했다. 외국인과 통성명을 하다 보면 한국어 발음이 어려워서 성으로 소개하기도 한다. 그마저도 어려울 때는 영어 이름이나 쉬운 소리로 얘기한다. '최' 라는 이중모음 발음이 안 되는 그들에게 '초이' 라고 소개하면 아주 쉽게 따라 한다. 그래서 난 초이가 됐다.

우리는 해뜨기 전에 출발하기로 해서 7시쯤 나섰다. 30여 분 걸으니까 해가 얼굴을 내밀었다. 떠오르는 해를 보는 것은 살아있다는 것을 느끼는 일이다. 일출의 아름다움을 가족에게 보여주려는 혜진이 한참 페이스톡을 했다. 환하게 웃는 그녀 얼굴을 보고 있자니 나도 덩달아 행복해졌다. 이런저런 얘기를 나누면서 도착한 첫 마을 산솔. 작은 가게에 들어가서 바나나 하나, 사과 하나, 카페 콘 레체 한 잔을 샀다. 쌀쌀한 아침을 느끼며 잠시 쉬었다. 우리보다 나중에 도착한 스페인 여성 세 명이 함께 쉬다가 먼저 출발했고, 온종일 앞서거니 뒤서거니 하면서 만나기를 반복했다.

나보다 걸음이 빠른 혜진이에게 먼저 가라고 했다. 내 속도를 유지해야 탈이 나지 않는 것을 안다. 그래서 나는 "혜진아 다시 봐." 라는 말을 쉽게 할 수 있었다.

대도시 로그로뇨 공립 알베르게에 도착해서 배낭을 풀었다. 거기서 다시 까미노 친구 여럿을 만났다. 주트, 네우스, 61세의 시크한 스페인 할머니, 우도, 브라질 3형제, 승환씨, 아영씨, 모니카, 카탈리나, 늦게 도착해서 환호성으로 맞이한 릴리…….

참 반가운 친구들이었다. 단지 같은 길을 걷고 얼굴과 이름을 알 뿐이다. 그런데도 아주 오래된 친구를 만난 듯 기쁜 것은 순례길이 주는 선물이다. 이 길을 허락하신 주님께 감사했다.

(로그로뇨 중국 마트에서 야무지고 예쁜 배수정 아가씨를 만났다. 호텔에서 연박을 하며 오늘 하루 쉬었다는 그녀를 우리 알베르게에 초대했다. 함께 잔치국수를 만들어 먹고 라면도 끓여서 먹었다.)

3월 21일 목요일

이른 아침 작정하고 나섰다.

'오늘은 나 혼자 일찍 출발해서 동트는 것을 보자.'

노란 불빛으로 가득 찬 로그로뇨 대도시를 빠져나가는 일은 쉽지 않았다. 사람이 많지 않은 가운데 출근하는듯한 이에게 길을 물었다. 코트를 차려입은 신사니까 안심하고 물어봐도 되겠다는 생각에 말을 걸었다. 빠져나가는 골목까지 동행해주면서 좋은 길 되라고 인사하는 신사의 친절함에 고마운 마음보다 심쿵하는 떨림이 새벽을 흔들었다.

'아, 멋있다.'

가로등이 꺼지면서 어느새 날이 밝았다. 내가 기대한 해돋이가 아닌데……. 하지만 중후한 신사와 잠깐 얘기도 하고 같이 걸었으니까 그거면 되었다 싶은 마음에 위로가 되었다. 50여 분 걸으니 도시를 다 빠져나온 듯한 곳에 'KIA MOTORS' 라는 간판이 보였다. 스페인에서 기아자동차 대리점을 보다니 반가웠다. 삐에드라 다리를 건너면서 이른 아침 산책하는 이들도 보았다. 물빛에 비친 강가의 풍경이 평온했다.

강변이 예쁜 마을 나헤라! 도네이션 알베르게(정해진 숙박요금을 지불하는 것이 아니라, 내고 싶은 만큼 기부금으로 내는 숙소다. 당시는 보통 10유로 정도 냈다.)에 도착하니 아는 친구들이 여럿 있었다. 가장 늦게 도착한 수정씨까지 포함해서 오늘 저녁은 한국인 5명이 뭉쳤다. 혜진, 아영씨, 승환씨, 수정씨, 그리고 나.

장을 봐서 잔치국수를 한 번 더 말아 먹고 스테이크도 먹었다. 양송이버섯과 아스파라거스를 곁들인 호사스러운 스테이크였다. 하몽도 한 자리 차지했다. 식당에 있던 외국 친구들과 푸짐한 음식을 나눠서 먹었다. 이름이 다 생각나지 않는 독일인 여럿과 한국인 여럿이 좀 시끄럽게 한 것 같아서 마음에 걸린다. 넓지 않은 주방을 한참 쓴 것도 그렇고……. 조심해야겠다.

사흘 동안 많은 친구를 만났다. 그들과 까미노가 끝날 때까지 함께 걸었다. 이후 산티아고에 도착해서 저들 한 명 한 명을 만날 때마다 얼싸안고 기쁨을 나누었다. 그리고 우린 까미노 가족이라고 말하며 함께 사진을 찍기도 했다. 내가 소중하게 여기는 사진 중 하나다.

함께 걷고, 먹고, 본다는 것은 오랜 시간을 같이한 사람처럼 느끼게 하는 힘이 있다. 그래서 길 위에 섰던 내게 아주 많은 친구가 생겼다. 고마운 마음을 담아서 그들을 오래도록 기억할 수 있게 된 사실이 기쁘다. 이것은 행복이다.

곧 다시 만날 딸과 까미노 친구들을 그리워하는 나는 오늘도 기도한다.

"이 행복을 허락하시고 누릴 수 있게 해주신 주님을 사랑합니다."

산티아고 순례길 · 4

- 사람을 잇다

산티아고 순례길 · 4

- 사람을 잇다

나헤라 - 산토 도밍고

우리 생김새나 가치관, 살아가는 환경은 모두 다르다. 그래서 반목과 갈등과 질시로 가정이나 사회가 어려움을 겪기도 한다. 교회 안에서도 마찬가지다. 하지만 우리는 믿음이 있기에 그것들을 지혜롭게 극복하려고 인내하면서 노력한다. 그러나 때로는 내 위치나 명예에 걸맞는 품위를 지키려고 내면을 숨기거나 포장한다. 결국, 관계의 어려움이나 단절이 오곤 하는 것이 우리 삶이기도 하다.

반면에 순례자로서 길에 설 때는 자신을 숨기거나 포장하는 이들이 별로 없다. 국적 정도나 물어보는 것이 다다. 사회적 위치나 직업이 무엇이었는지, 나이며 학력이 얼마인지 물어보거나 내세우는 이가 없다. 순례자의 행보를 충실히 옮길 뿐이다. 그러다 보면 사람이 사람에게 감동을 주거나 가족 같은 따뜻함을 누린다. 배려하고 도우면서 서로에게 천사가 되어주기도 한다. 그래서 길 위에서는 모두가 가족이 되고 친구가 된다. 이렇게 사람 사이를 잇던 나의 순례 이야기를 계속 쓴다.

아침잠 많은 내가, 산티아고 순례길을 걸으면서 이른 시간에 일어나는 것이 얼마나 고되었던지!

그날도 그랬다. 3월 22일이었으니까 딱 이맘때다. 전날 새벽같이 일어나 걸어서 그랬는지 따뜻한 침낭을 꼭 잡고 자꾸 꾸물거리기만 했다. 목까지 한껏 올리고 끝자락만 움켜잡았다.

내 온기로 채워진 그것의 지퍼를 열고 싶지 않았다. 여러 명이 함께 자는 알베르게에 적응되어서 안락하기도 했고, 아직은 쌀쌀한 아침 공기가 날 움츠러들게 했다. 다른 순례자들이 부스럭거리며 나갈 준비를 하는데도 일어나기 싫었다. 역시 난 아침 게으름뱅이였다. 따뜻한 내 침낭 안에서 더 자고 싶다는 생각을 하면서 고개를 돌려보았다. 바로 옆 침대에 있는 수정씨도 꼬물거리고만 있었다. 하지만 순례자인 우리는 둘 다 일어나야만 했다. 작은 침낭 주머니 안에 널따란 그것을 꽉꽉 채워 넣으며 아쉬움도 함께 넣어버렸다. 억지로 고양이 세수를 하고 배낭을 쌌다.

알베르게 체크 아웃 시간은 보통 8시다. 다 준비하고 나니까 한 시간 정도 남아서 뭔가 하고 싶었다. 나는 정 많은 한국의 아줌마, 그리고 스물한 살 딸아이의 엄마 아닌가? 그래서 전날 먹고 남은 소고기로 죽을 쑤었다. 순례길 아침 식사로 제격이었다. 영양도 챙기고, 전날 기분 좋게 마신 와인 숙취도 부드럽게 풀어주면 좋을 것 같았다. 우리 딸 또래인 혜진이와 수정씨와 아영씨에게 쇠고기 죽을 먹이고 싶은 엄마 마음이라서 그랬을까? 일어나고 싶지 않았던 마음과는 달리, 피곤하기보다 기쁨이 컸다. 물론 날 누님이라고 부르는 승환씨도 같이 먹었다. 숭늉까지 만들어주니까 좋아했다. 그래서 더 친근해진 우리는 호칭도 가벼워졌다. 혜진, 수정, 아영으로……. 승환씨는 그래도 사십 대 가장이므로 '씨'를 계속 붙이기로 했다. 수정이 '이모'라고 불러주는 게 낯설기도 했지만 좋았다. 전날에 저녁을 먹고 이야기와 웃음을 나누며 서로를 알게 됐던 우리가 같이 자고 아침을 먹으니까 꼭 가족 같았다. 그리고 우리는 또 다른 길 위에 서려고 따로따로 출발했다.

아름다운 다리를 가진 강가를 끼고 물소리를 들으며 나헤라를 벗어날 때쯤 하모니 자매인 모니카와 카탈리나를 다시 만났다. 그녀들이 '부엔 까미노' 인사하면서 나를 앞섰다. 모니카는 미소가 가득하고 따뜻한 마음씨를 가진 것처럼 보여서 더 정이 갔다. 다시 듣는 자매의 이중창이 천사의 노래로 들렸다. 내 귀에만 아름다웠던 것은 아니었을 것이다. 그녀들의 노래를 듣는 순례자는 누구든지 위로와 감동을 누렸으리라! '길을 참 행복하게 걷고 있구나' 싶은 생각이 들기도 했다.

산토 도밍고를 향해 한참을 걸었다. 끝이 보이지 않는 언덕길, 양옆으로 펼쳐진 초원, 드문드문 펼쳐진 유채꽃 군락지가 있어서 너무 예쁜 길이다. 그래서 많은 이들이 비슷한 구도의 사진을 찍는 구간이기도 했다. 하지만 그 태양만큼은 피하고 싶었다. 발가락에 불이 나는 것 같았다. 얼굴은 벌겋게 익었다. 적당히 앉아서 쉴 곳이 나오지 않았을 땐 상상 속 의자를 그려가며 한 발 한 발 움직였다. 너무 힘들어서 길 위에 배낭을 던져놓고 그냥 털썩 앉기도 했다. 한 고개 넘으면 또 한 고개가 나타나서 손을 흔들었다. 그렇게 걷다가 멀리서부터 점점 가까워지는 분홍색 재킷을 만났다. 수정이었다. 나는 지친 걸음이었는데 그녀는 컨디션이 괜찮다면서 산토 도밍고 보다 마을 하나를 더 간다고 했다. 그라뇽 이라는 곳이다. 역시 서른을 갓 넘긴 청춘이 좋구나 싶었다. 푸른 초원에 구불구불한 언덕을 지날 때라서 사진 한 장씩 찍기도 했다. 다시 또 보자며 우린 각자의 걸음을 옮겼다.

목적지에 거의 도착했을 때 바르(Bar 스페인어로 카페를 말한다.)가 보였다. 너무 힘들어서 카페 콘 레체를 마시려고 갔더니 아영이 먼저 도착해서 쉬고 있었다. 또 만났지만 반가움이 각별했다. 그녀는 오렌지 주스를 마시던 중이었는데 큼직한 오렌지를 세 개나 짰다고 감탄했다. 마셔보라고 해서 한 모금 맛보니 진짜 맛있더라. 그렇게 부산 아가씨 아영과 피로를 풀고 있는데 수정이 왔다. 둘의 수다가 셋이 되었다. 이렇게 길 위에서 우리는 서로를 알아갔다.

그렇게 아영과 나는 수정을 보내고 같은 알베르게에 체크인했다. 들어가 보니 벌써 도착한 승환씨는 단층 침대를 배정받아서 쉬고 있었다. 부럽다. 허리 쭉 펴고 앉을 수 있는 단층이라니! 대부분 알베르게는 이층침대다. 많은 순례자는 일층침대를 선호한다. 나처럼 2층을 오르내리기 힘든 중년의 순례자는 더 그렇다. 그래서 체크인을 할 때 1층 침대를 부탁하는데, 나이가 조금 있어서인지 그렇게 배정해주기도 했다. 난 1층을, 아영은 2층을 배정받았다. 엇비슷하게 들어온 제니와 크리스티안도 같은 방에서 묵게 되었다. 제니는 스페인 아가씨고 크리스티안은 남아공의 백인계 청년이다. 걷는 중에 잠깐씩 봤던 그들이 친해지는 것 같아서 한국인 아줌마의 호기심이 발동하기도 했다. 나쁘게 생각하지 않는다. 다만 앞으로 그들이 어떤 친구로 남을지, 혹시 연인이 되어도 잘 어울리는 커플이 되겠다는 생각을 했다. 공교롭게도 나만 느낀 게 아니었다. 아영과 승환씨도 둘이 사귀면 잘 어울리겠다고 말했다. 긴 시간을 두고 걷다 보면 그럴 수도 있겠다 싶어서 그들 청춘을 응원해주고 싶었다.

이 두 사람이 피곤했던 몸을 스트레칭 하고 있길래 우리도 같이 따라 했다. 이미 로스 아르코스에서 만났던 그들과 스트레칭을 해 본 적도 있다. 제니도, 크리스티안도 활짝 웃는 모습이 보기 좋았다. 스트레칭을 시작하면서 아영이도 함께 했다. 그녀의 유머와 위트가 더해져 깔깔 웃으면서 피로를 푸는 시간이 됐다. 한 동작 할 때마다 크리스티안이 '체인지' 부드럽게 외쳤다. 그 메아리로 아영이 '체인지' 하면 우리 모두 '체인지' 하면서 크게 웃었다. 그 순간이 행복이었다.

길에서 만났던 미국인 할아버지(이름을 잊어버렸다. 좋은 이야기를 많이 들었는데 그 이후로 만나지 못해서 아쉽다.)도 함께했다. 그 분은 70이 넘었다고 소개하면서 한국드라마 '미스터 선샤인' 이 훌륭한 작품이라고 했다. 다 알아듣지는 못했는데, 한국 근대사에 대해 꼭 알아야 할 것을 봤다고 했다. 유진 초이 (이병헌 배우)가 주인공이다 보니 내 이름이 같냐고 물었다. 성이라고 말해주면서 원래 발음은 '최' 라고 몇 번을 발음해주었다. 너무 어렵다고 손사래를 쳤다. 그래서 말했다.

"You can just say CHOI."

난 사실 그 드라마를 본 적이 없다. 그래서 무슨 내용인지 몰랐고 공감할 수는 없었다. 하지만 일본에 주권을 빼앗겨 아픈 역사를 겪었던 우리나라를 알고 있는 미국인 할아버지를 보면서 문화가 가진 힘을 느꼈다.

또 한 사람, 쑨님을 만났다. 그는 40대 솔로 남성인데 해외여행이 처음이었다. 영어가 하나도 안 됐다. 다만 걷는 게 자신 있었고 건강하다는 것을 믿고 왔는데 다리 통증 때문에 산토 도밍고에서 멈췄다. 첫 해외여행이 장거리고, 여행사나 다른 이의 도움 없이 개인이 움직여야 했고, 건강하더라도 중년인데 야간 버스 타고 이동했고, 초반에 무리해서 걸었다고 했다. 그 이야기를 듣는 순간 좀 무모했던 게 아닐까 생각했다. 한편으로는 누구보다 용감하다는 생각도 들었다. 처음 겪는 일인데 하나하나 진행해 왔고, 통증을 견뎠다. 회복을 위해서 약을 먹고, 멈춰서 쉬고 있는 모습에서 인내를 엿볼 수 있었다. 이 사람의 까미노구나 인정하게 되었다. 순례자의 인생을 사는 우리는 얼마나 다양한 모습으로 살아가고 있는가? 그것을 인정하면 쑨님의 순례길을 충분히 이해하고 존중하게 된다. 어서 회복하라고, 응원한다고 위로의 말을 전했다. 팔꿈치 통증으로 처방받아 온 내 약을 반 나누어 주기도 했다. 그를 위해 기도하는 것도 잊지 않았다.

아영과 승환씨와 나는 세탁물을 모아서 4유로를 지불하고 세탁기를 돌렸다. 하루 순례길을 다 걷고 나면 가장 먼저 가방을 풀고 샤워를 한다. 그다음 중요한 것이 이튿날을 위해서 빨래를 하는 것이다. 먼지를 뒤집어쓰고 땀범벅이 된 옷들을 세탁하는 것은 순례자의 필수과제다. 피곤하다는 아영은 숙소에 들어가서 쉬겠단다. 나와 승환씨와 쑨님은 식당에 가서 함께 저녁을 먹었다. 필그림 메뉴를 먹었다. 이것은 순례자를 위한 식사를 이르는 말이다. 질과 양으로 봤을 때 가성비가 좋다. 12유로만 내면 전식과 본식과 후식이 나온다. 물 한 병, 또는 탄산음료, 또는 와인 한 병이 포함이다. 순례자를 위한 식사로써 후한 인심을 보는 것 같아 아주 흡족하고 고마운 메뉴라고 생각했다. 하루를 무사히 마친 것에 대해 감사기도가 나오는 저녁 식사였다. 와인도 즐겁게 마셨다. 아이스크림까지 먹으니까 피로가 풀렸다.

사람과 친해질 수 있는 가장 좋은 방법은 함께 밥을 먹으라고 했던가? 맞다. 저녁 식사를 하면서 6개월 휴직계를 내고 순례길에 올랐다는 승환씨 얘기를 들을 수 있었다. 가평에서 여행자 숙소를 운영하는 누님 일을 함께 돕고 있다는 쑨님 얘기도 들었다. 물론 내 얘기도 들려주었다. 그렇게 순례자의 하루가 또 지났다.

길 위에서 따뜻함을 나눌 수 있는 게 많았다. 솔직담백한 대화나 필요한 약을 나누는 것이 그랬다. 스트레칭을 도와주는 재능과 후한 인심이 또한 그것이다. 그래서 길은 사람과 사람을 이어준다. 길 위에서 만난 제니와 크리스티안이 어떤 관계의 순례자가 될지 궁금했던 우리 호기심은 어여쁜 결말로 이어졌다. 늘 함께였던 모니카와 카탈리나는 각자의 길을 당당하게 걸어냈다. 프랑스 친구 릴리는 순례길 끝 무렵까지 함께 염려해주었고, 웃었고, 응원해주는 친구가 되었다. 많은 순례자가 내 친구가 되어 스쳐 지나갔다. 길에서 소중하게 이어진 우정은 마음 한켠에 오래도록 간직될 것이다. 그중에서도 까미노 가족이 된 우리 한국 친구들에 대한 내 마음은 각별하다. 마치 산토 도밍고를 향한 초원에 핀 유채꽃처럼 잔잔하고 평화로운 기쁨이다.

순례길을 통해서 우리를 이어주신 하나님께 감사를 고백한다.

산티아고 순례길 · 5
- 계속 가는 거야

산티아고 순례길 · 5
- 계속 가는 거야

산토 도밍고 - 오르니오스 델 까미노

견고하게 서서 드나드는 이를 맞아주고 안전하게 지켜주는 문이 있어야 삶의 길을 계속 갈 수 있다. 문이 닫혀있어서 곤란한 경험을 해 본 적이 있지 않은가? 언제나 열고 들어갈 수 있는 문은 안락함과 행복을 준다. 그래서 끝까지 견고하기를 바라는 문이 있고, 내일을 걸어갈 수 있도록 도와주는 문이 열려있기를 희망한다. 나에게도 그런 문들이 있다. 그 문을 통해서 계속 걸어가기를 기도한다.

엄마의 문

50여 년을 함께 한 우리 옛집 초록대문은 언제나 열려있었다. 어린 시절을 보냈고, 결혼한 후에도 수없이 드나들었던 문이다. 그것을 지나서 엄마에게 향하던 나는 기쁨과 슬픔, 분노와 걱정을 쏟아내곤 했다. 필요한 위로를 받았고, 머릿속이 시원한 조언을 듣기도 했다. 그렇게 초록대문을 지나 엄마에게 가면 든든한 대문처럼 항상 맞아주었다. 이보다 더 크고 따뜻한 문이 또 있을까? 지금은 옛집이 멸실되어서 초록대문이 사라졌다. 하지만 정신적 지주가 되어준 우리 엄마의 문이 지금까지 있어서 감사하다. 이제는 오랜 세월의 흔적이 보이는 그 문이 짠하고 슬프지만 말이다.

서서히 나의 문이 엄마를 품을 때가 다가오고 있음을 느낀다. 그런 현실을 인정하고 싶지 않고, 가끔은 슬픈 감정이 버거울 때도 있다. 엄마가 나를 품었던 것처럼 못할 것 같다는 생각에 이르면 왈칵 울어버리고 싶다. 키보드를 두드리는 지금도 '우리 엄마' 하고 생각하니까 가슴이 먹먹하다.

58년 전에 세워졌던 엄마의 문은 모질고 거센 세상으로부터 가정이라는 보금자리를 지켜냈다. 상상할 수 없던 시집살이, 아버지의 질병에 따른 고통, 가장의 역할이라는 무게, 끝없는 농사일……. 이런 풍파를 겪으면서 견고하게 지켰던 엄마의 문.

"젊을 때 고생도 많이 했는데 하나님을 만나서 구원도 받고 큰 축복을 받았어. 몸은 너무 아픈데 감사할 일이 참 많아."

이렇게 종종 말하는 우리 엄마. 이렇게 엄마의 문을 지켜낸 시간의 중심에는 신앙이 있다. 2년 전 큰 수술을 하기 전까지, 40여 년을 거의 빠지지 않고 다녔던 새벽기도의 믿음이 있다. 그래서 나도 견고한 문을 세우려고 흔들리지 않을 믿음 생활을 시도하고 있다. 하지만 아직도 서툴다.

난 우리 엄마의 문이 언제까지나 견고했으면 좋겠다.

알베르게의 문

내가 만났던 알베르게 문은 희비가 엇갈렸다. 열려있을 때도 있고 닫혀있을 때도 있었다. 열려있으면 다행이다 싶었고, 닫혀있으면 "어떡하지? 한 마을 더 걸어야 하나? 너무 힘든데……"라며 한탄하기 일쑤였다. 그러니 희비가 엇갈릴 수밖에.

겨울은 순례자들이 많지 않은 비수기다. 이때는 많은 알베르게가 영업을 안 한다. 그래서 순례자는 목적지의 숙소 문이 열려있는지 잘 알아 두어야 하룻밤을 안전하게 쉴 수 있다.

내가 프랑스길 800km를 걸었던 첫 순례길은 3월 중순으로 비수기였다. 매일 알베르게 문이 열렸는지 확인하는 일은 중요했다. '부엔까미노' 또는 '그론즈' 라는 앱을 살펴보고 전화로 재차 확인하면서 다녔다. 열린 줄 알고 갔는데 문이 닫혀있기라도 하면 그 실망감이 컸다.

알베르게의 문은 순례자에게 휴식과 안전을 제공한다. 그것을 열고 들어오는 순례자를 따뜻하게 안아주는 공간이기도 하다. 이른 아침 문을 열고 길에 나서는 이들에게 용기와 기대와 긴장을 한껏 안겨주기도 한다. 엄마의 문처럼 늘 열려있는 것은 아니지만, 필요한 만큼 열려있어서 순례자를 따뜻하게 맞았다. 그리고 계속 길을 나서게 했다. 그 문을 나서면 굽이굽이 이어진 들판이 보였다. 흐드러진 아몬드꽃과 여러 봄꽃도 볼 수 있었다. 600~900m에 이르는 메세타(Meseta, '탁자' 라는 뜻) 평원에서 그늘이나 쉴만한 의자 하나 없이 계속 걸어야만 했다. 사순절을 묵상하며 걷기에는 안성맞춤인 길이었다. 그때의 믿음과 기억을 담았던 빨간 수첩을 다시 펼친다.

3월 23일 토요일

산토 도밍고에서 벨로라도를 향하는 날. 나와 아영, 승환씨, 쑨님의 아침을 위해서 하몽과 채소를 넣어 샌드위치를 준비했다. 다리 부상으로 출발하지 못하는 쑨님에게 아침 식사를 전하고 우린 각자 출발했다. 늘 그랬던 것처럼 앞서거니 뒤서거니 엇갈리고 만나기를 반복했다.

그날은 유난히 화창했다. 다 피지 않은 봄꽃이 아름답게 채색 중인 것 같아서 걷는 길이 행복했다. 윤희상 시인의 '소를 웃긴 꽃' 이 생각났다. 피는 꽃이 커다란 소를 간지럽히기도 하고 살짝 들어 올리기도 한 것처럼, 핀 듯 만 듯한 봄꽃들이 순례자를 웃게 했다. 하지만 다리와 발가락이 아파서 자꾸 쉴 곳을 찾았다. 쉴만한 곳이 보이지 않았을 때 느꼈던 고통에 예수님의 고난이 떠올랐다. 사순절이라서 그랬을까? 고통을 통해서 묵상할 수 있었다. 그러다가 의자나 앉을 수 있는 곳이 나타나면 안도하며 감사했다.

나는 분홍색 후디를 입고 걸었다. 그러다가 흐드러진 아몬드나무 아래 의자에서 쉬고 있는데, 오랜만에 메튜를 다시 만났다.

"Hey, Buen Camino. CHOI! Lovely pink."

이렇게 인사하는 그는 반가운 삼촌 같았다. 고통의 길을 묵상하기도 하고, 좋은 사람들과 함께 걸으면서 만난 봄날은 내게 큰 선물이었다.

벨로라도 알베르게에 도착한 우리는 작은 수영장이 있는 것에 놀랐다. 다들 물놀이를 했지만 난 할 수가 없었다. 추웠다. 물이 차가워서 들어갈 수가 없었다. 한차례 물놀이가 끝난 후 스물다섯 번째 생일을 맞은 남아공의 크리스티안을 축하해 주려고 장을 봐서 저녁을 준비했다. 케이크도 마련했다. 함께 노래를 불러주며 축하했다. 우리 우정이 따뜻했다.

3월 24일 주일. 예배를 드리지 못했던, 별이 빛나는 밤!

계획했던 마을보다 3.8km를 더 걸어서 아헤스까지 걸었던 날이다. 그러느라 주일 예배를 드리지 못했다. 우리 교회는 주일 예배를 녹화하기 때문에 나와 같은 순례자가 영상을 보며 주일을 지키기에 좋다. 그런데 시간을 놓쳐서 하나님 마음을 아프게 해드렸던 날이다.

아헤스는 작은 마을이었다. 편안하고 인심이 후한 알베르게 주인 덕분에 나와 혜진, 아영, 수정은 우리만의 편안한 방에서 묵게 되었다. 4인실! 행운이다. 우리는 수다를 떨면서 쉬었다. 스트레칭과 종아리 마사지도 했다. 예쁜 말투와 외모를 가진 수정이가 엉뚱 발랄한 분위기를 만들어줘서 한참을 웃었다. 그때 상황은 이랬다. 내가 가져갔던 코코넛 오일을 함께 바르다가 쏟았다. 우리는 당황하면서도 깔깔거리며 여기저기 몸에 발랐다. 그때 갑자기 수정이가 바닥에 있던 끈적한 오일을 긴 머리카락으로 닦는 게 아닌가? 온 몸을 던진 머리카락 걸레질, 우리는 한참을 웃었다. 순례 중 가장 많이 웃은 날이었다.

밤에 쉬고 있는데 엉뚱 발랄 수정이 별을 보러 가자고 제안했다. 난 사실 밤에 나가는 것을 좋아하지 않는다. 시골에서 자랐어도 작은 마을의 밤이 좀 무서웠다. 그런데 나이가 많다는 것의 체면이 뭔지 싫다는 말을 못 했다. 우리는 수정을 앞세우고 밤길을 나섰다. 전날 혼자서 잠깐 나갔다가 왔다고, 네 명이 가니까 마을 불빛이 보이지 않는 곳까지 멀리 가보자고, 그래야 쏟아지는 별을 볼 수 있다고 말하는 수정이가 너무 씩씩했다. 야무졌다. 호기심도 많은 듯했다. 핸드폰 플래시로 어둠을 뚫고 걸었다. 마을에서 멀어지니까 점점 무서워지기 시작했다. "우리 그만 가자" 라고 두어 번 얘기하면서 발을 멈췄다. 그리고 하늘을 올려다봤다. 멀리 보이던 별빛이 점점 많아지더니 별들이 우리에게로 왔다. 갑자기 쏟아졌다.

우리는 감탄을 그칠 줄 몰랐다. 무서웠던 내 마음도 간곳없이 사라졌다. 강촌으로 MT 갔을 때 봤던 그 하늘, 설악산 대청봉을 오르기 위해서 산장에서 잠을 자고 나섰던 새벽의 그 하늘을 아헤스에서 다시 보았다.

'수정아, 고마워. 별이 빛나는 밤을 다시 볼 수 있게 해줘서.'

3월 25일 월요일. 부르고스 들어가는 길.

아헤스의 3층 방에서 푹 자고 일어난 우리는 2유로짜리 아침 식사를 했다. 인심 후한 호스피탈레로가 빵과 우유와 과일을 푸짐하게 내어놓았다. 부른 배를 안고 만족한 마음으로 출발했다. 전날부터 발목이 붓기 시작한 승환씨는 택시를 타고 점프하기로 했다. 우리는 이구동성으로 부럽다고 하면서 그를 위로했다. 진짜 부럽기도 했다. 순례자에게 점프란 꼭 필요한 경우 아니면 허락되지 않는 금기처럼 여겨졌기 때문이다.

길을 찾으려고 노란색 화살표에 집중하고, 묵상하고, 기도하는 것은 순례자 일상이다. 그런데 길을 벗어나는 일이 생겼다. 처음이었다. 걷고 있는데 승용차를 운전하던 여성이 차를 세우고 소리쳤다. 스페인어를 크게 말하면 화난 것처럼 들린다. 외국어라서 그랬을 것이다. 그래서 나한테 화내는 줄 알았다. 시비를 걸어오는 줄 알고 움찔했다. 그런데 표정과 함께 들어보니까 "배낭을 멘 너는 순례자다, 순례자의 길은 여기가 아니다. 뒤로 돌아가야 한다."라고 말하는 듯했다. 고맙다고 인사한 뒤 얼마쯤 되돌아가니까 그녀 말이 맞았다.

'오늘의 천사, 고마워요.'

천사도 만났고, 아영과 수정을 다시 만나서 필그림 메뉴도 맛있게 먹었다. 그렇게 또 걷다가 수정이와 함께 이야기를 나누게 됐다. 순례자들은 길 위에서 담담히 자기 이야기를 하는 경우가 많다. 대기업에 근무했던 그녀는 잘려도 할 수 없다는 심정으로 1년을 휴직하고 왔다고 했다. 아담한 키에 야무진 얼굴빛이 보이는 수정이가 말할 때 용기 있는 사람으로 보였다. 그래서 진심으로 응원해주고 싶었다. 수정이 나에게 물었다.

"미경 이모는 순례길을 왜 걸어요?"

내 대답은 누가 물어도 한결같았다.

"Just do it."

남편에게 내밀었던 순례길 계획표 제목이 '그저 걸어 봐' 였으니까. 그렇게 우리는 제법 큰 도시 부르고스에 도착했다. 순례자들은 대도시에 다다르면 여독을 풀기도 할 겸 연박(이틀 이상 숙박하는 것을 뜻한다.)을 하면서 쉬는 경우가 많다. 수정이가 그렇게 하는 것이 좋다고 조언을 해 줬다. 맞는 말이라서 부킹닷컴으로 호텔을 예약했다. 그리고 아영에게 연락했다.

"카톡으로 호텔 주소 보냈는데 여기 와서 같이 쉬자. 2인실이야."

별일도 아닌데 고맙다는 인사를 받았다. 작은 배려가 행복이 될 수 있다는 생각을 했다.

3월 26일 화요일

부르고스 호텔의 체크아웃 시간은 12시였다. 아영은 일찍 출발했다. 나는 대성당과 도시를 더 둘러보고 싶었다. 아침에 나서서 사람들을 보며 시내를 걸었다. 이곳 대성당이 가장 아름다운 것 같았다. 화려함과 섬세함이 눈을 떼지 못할 정도로 아름다웠다.

오전 산책을 마치고 들어가서 따뜻한 물로 반신욕을 했다. '순례길 중에 이러는 건 호사가 아닐까?' 하는 생각도 들었다. 하지만 쌓인 피로가 많이 풀렸다. 휴식이 좋았던 반면, 가족같은 일행이 되었던 이들과 따로 걸을 생각을 하니까 허전함이 파고들었다. 아영은 이미 출발했고, 수정은 나처럼 내일 출발하지만 나보다 빨리 걸을 것 같았다. 승환씨는 아파서 점프했으니까 어디까지 갔는지 알 수 없었다. 혜진도 일찍 출발했으니까 이러다가는 다시 못 보는 게 아닐까 하는 마음에 서둘러 배낭을 쌌다.

반나절이라도 걷자고 생각했다. 11km쯤 가면 마을이 하나 있는데 거기서 머물면 되겠다 싶은 계산이었다. 그러나 오산. 마을에 도착해서 보니까 알베르게가 도로변에 있었다. 그래서 다음 마을까지 1.7km를 더 걷기로 했다. 역시나 도로변. 컨디션도 좋아졌고 시간 여유도 있으니까 더 가보자는 욕심이 생겼다. 순례길에서 욕심내지 말아야 한다는 조언을 많이 들었는데도 말이다. 7.8km! 욕심부리다가 놓친 것이 있었다. 메세타 평원이 시작된다는 사실을……. 7.8쯤이야 생각했던 그 길은 피레네를 우회해서 걷던 발카를로스 만큼 힘들었다. 그늘 한 점 없었다. 늦게 출발한 시간대라서 사람 한 명 보이지 않았다. 흔하게 봐왔던 벤치도 하나 없었다. 그저 보이는 건 들판뿐이었다. 언덕 하나 넘으면 다른 언덕이 보였다. 멀리 서 있는 나무 한 그루의 그늘 쉼터는 그림의 떡이었다. 힘들었지만 그 풍경을 사진으로 찍었다. 드넓은 광경이었으니까. 후회를 많이 하면서 걸어야 했다. 한 발 한 발 내딛는 데 거리가 줄어들지 않았고, 늦은 오후가 되면서 적막감에 두려움이 커졌다.

혜진이나 아영, 또는 주트, 네우스, 페드로 등 까미노 친구들이 있을 거라는 기대감으로 도착한 마을 이름은 오르니오스 델 까미노! 아담하고 한적한 마을을 앞에 두고 냇물을 가로지르는 다리가 보였다. 거기서 그만 털썩 주저앉았다. 배낭도 내던졌다. 함께 걷는 친구들 단체톡에다 잘 도착했다고 소식을 넣었다. 한편으로는 그런 내가 대견했고 뿌듯했다. 두려움으로부터 지켜주셔서 감사했다.

아영하고 혜진이는 두 개 마을이나 더 갔다고 답장이 왔다. "나, 너희들 만나고 싶어서 여기까지 왔어." 라고 말하고 싶었다. 위로도 받고 싶었다. 힘든 길이어서 그랬던 것 같다. 발목이 아파서 천천히 걸었던 승환씨는 이 마을에 있다고 카톡이 왔다. 어디쯤이냐고, 마중 나오겠다고. 마을 들어서는 다리에 있다고 하니까 단박에 와주었다. 절뚝이며 걸어오는 승환씨를 보니까 눈물이 왈칵 쏟아질 것 같았다. 그도 고생했고 나도 고생했다. 마중이 고맙고 반가워서 얼싸안으며 인사를 했다. 도착한 알베르게에 처음 보는 순례자들이 대부분이고 한국인도 혼자여서 쓸쓸했다고 한다. 그러니 그도 내가 얼마나 반가웠을까? 두려움과 고통과 외로움을 느낀 날이라서 그랬을까? 가족 생각이 많이 났던 날이다.

'이런 날이 계속된다면 포기할 수도 있겠구나. 그냥 집으로 돌아갈까?'

지난 일기를 다시 들추어보니 수많은 알베르게의 문을 드나들면서 추억과 묵상과 감사를 채웠구나 싶다. 닫힌 문을 보고 절망하기도 했지만 예비 된 다른 문을 보고 다음 날을 준비할 수 있었다. 순례를 향한 문을 나섰을 때 기쁘고 즐거운 길만 펼쳐졌던 것은 아니다. 고통과 두려움과 외로움도 있었다. 우리 삶도 그럴 것이다. 문을 나섰을 때 길이 어떻든지 주님의 이끄심을 신뢰하며 끝까지 간다면 감사로 채워질 것을 안다. 그런 것처럼, 엄마의 문이 약해졌다면 슬퍼하지만 말고 하나님이 원하시는 나의 문을 견고히 세우자. 그래서 난 결심을 한다.

'문을 향해서 가자. 그래, 계속 가는 거야!'

산티아고 순례길 · 6
- 멈추다. 그리고 다시

산티아고 순례길 · 6
- 멈추다. 그리고 다시

오르니오스 델 까미노 - 레온

산티아고 순례길! 그저 걸어보자며 혼자 나섰던 길에서 순간마다 함께해 주시는 나의 하나님을 만났다. 치장이나 위선을 내려놓고 내 모습을 마주하며 당당함으로 시간을 채웠다.

우리 삶은 마치 순례길 같다. 기쁘고 즐거운 시간뿐만 아니라 두려움과 추위에 떨거나 물집의 고통을 견뎌야 목적지에 이를 수 있는 것처럼 말이다. 그런데 산티아고나 인생의 순례길에서 필요한 것이 있다. '멈춤' 이다. 그것이 자의든 타의든 멈춰야 하는 현실을 직시한다는 것이 쉬운 일은 아니다. 우리는 앞으로 가는 것에 익숙해져 있기 때문이다. 하지만 멈춰야만 비로소 보이는 것이 있고, 우연하고 낯선 경험을 통해서 내면이 단단해지기도 한다. '멈춤' 이 감사와 아름다움의 추억이 되기도 한다. 그래서 다시 나갈 수 있다.

십수 년 전 나의 암 투병이 그랬다.

"조직 검사 결과 유방암입니다."

의사 선생님 진단에 순간 모든 것이 멈춰진 듯한 적막의 두려움을 느꼈던 기억이 생생하다. 이후로 난 일을 쉬어야 했고, 가족과 함께 떠나기로 했던 태국-치앙마이 여행을 포기해야 했다. 부모님이 나의 투병으로 인해서 얼마나 간절한 기도를 하셨는지 보았다. 그때가 아마, 가장 크게 저질렀던 불효의 시간이었을 거다. 그러나 지나고 보니까 그 시간은 내게 축복이었다. 내 주변의 사람들이 달라 보였고, 무심하게 지나쳤던 자연이 아름다움으로 눈에 들어왔다. 그 덕분에 항상 기뻤고, 범사에 감사했고, 쉬지 않고 시편을 묵상하며 기도했다. 그렇게 세월이 흘렀고 지금 나는 남편의 말대로 '세상 근심 걱정 없는 여자' 가 되었다.

나의 첫 번째 순례길에서도 '멈춤' 을 겪어야 했다. 빨간 수첩에 끄적였던 일기를 보니 우연하고 낯선 그 시간이 주마등처럼 스친다.

3월 27일 수요일. 두 번째 별밤

목적지 오르니오스 델 까미노까지 왔다. 하지만 여러 날을 함께 걸었던 다국적 친구들과 떨어져 있다고 생각하니까 발걸음을 재촉하고 싶었다. 승환씨도 같은 마음이었고, 우리는 의기투합해서 조금 더 걷기로 했다. 그들과 합류하기 위해서 열심히 걸었다. 목적지는 카스트로 예리츠였지만 이테로 데 라 베가까지 걸었던 30km!

이테로까지 힘들게 도착해서 보니까 작은 마을이었다. 아직 비수기라서 열려있는 알베르게가 딱 하나였다. 호스피탈레로도 보이지 않았다. 우리는 당황했고 한 마을을 더 가야 하나 고민했다. 하지만 8km를 더 간다는 사실을 확인하고서 마음을 접었다.

"블라블라 왈라왈라……. 에스따……. 모멘또……."

승환씨가 통화하는 전화 너머로 스페인어가 들렸다. 우린 알아들을 수 없었다. 난감한 상황이라서 그런지 알아들을 수 없는 그 언어는 외계어 같았다. 몹시 당황했다. 다행히도 잠시 후 한 여자가 와서 문을 열어주었는데 허술한 관리에 불안했다. 안전하게 잘 수 있을까 싶은 마음이었다. 하지만 교회 앞에 위치한다는 사실에 안심하고 체크인을 했다. 이층침대가 아닌

싱글침대 13개가 놓였다. 널찍한 숙소라서 그나마 다행이라고 위로했다. 그런데 이후로 더 들어오는 순례자가 없었다. 작은 마을이라서 다들 그냥 지나쳐갔나 보다.

'아이구! 수비리에서는 코스타리카인 그레고리, 이테로에서는 승환 씨.'

외간남자와 둘이서 숙박을 또 하게 됐다. 그래도 그레고리 때보다 훨씬 편했고 의지도 됐다. 가족 같은 외간남자. 부랴부랴 마을에 있는 식당을 찾아서 저녁을 사 먹고 들어왔다. 역시 순례자는 아무도 들어오지 않았다. 다음날 가져갈 물과 간식을 챙겨 넣고 대충 배낭을 싸놓았다. 잠들기 전에 뒷마당 밤하늘을 다시 보게 되었다. 쏟아지는 듯한 별들에 감탄을 퍼부었다. 사흘 전 아헤스에서 보았던 별 밤보다 더 빛나는 별 무리. 아름답다!

3월 28일 목요일. 씁쓸함과 엄격함, 그리고 추위

지난 이틀 강행군을 했다. 오늘도 친구들과 만나기 위해서 카리온 데 로스 콘데스까지 32.5km를 가기로 했다. 한나절까지는 괜찮았는데 점심을 먹은 후로는 걸음이 점점 무거워졌다. 많은 이들이 메세타 평원을 걷는 것은 지루하다고 하는데 그보다는 내 몸이 자꾸만 무거워졌다. 발목이 아픈 승환씨는 오죽했을까? 구름 한 점 없이 뜨거운 날이었다. 점점 힘들었다. 8km쯤 걸었더니 마을이 보였다. 카페 콘 레체 한 잔씩 달게 마신 후 각자 걷다가 다시 만나자고 하고 먼저 나섰다.

한 시간쯤 걸었을까? 5km쯤 길게 이어지는 카스티야 수로를 지나는 길이었다. 역방향으로 오는 한 청년을 보았다. "부엔 까미노" 인사한 그는 프랑스인이었고 산티아고에서 되돌아오는 순례자라고 자기를 소개했다. 그렇게 걷는 이도 있구나 싶었고 그 용기를 칭찬했다. 생장부터 걸어온 나를 대단하다며 서로 칭찬과 축하를 한참 하는데 커피를 너무 마시고 싶다고 했다.

"응, 여기서 한 시간쯤 가면 마을이 나와. 거기서 마시면 돼."

친절하게 애써 말해줬더니 그의 대답이 나를 당황하게 했다.

"그런데 나, 돈이 없어." 길 앞뒤를 둘러봤는데 아무도 보이지 않았다.

승환씨도 보이지 않았다. 그 순간 인적은 없고 물만 가득한 수로가 무섭게 느껴졌다. 주머니에 있는 동전을 다 주어야 할 것 같은 두려움에 휩싸였다. '설마 바지 속에 넣어둔 복대까지……?' 하는 생각에 잠깐 움츠러들었다.

"내가 가진 동전이야. 이걸로 커피 마셔." 라고 말하면서 동전 모두를 꺼냈다. 1유로와 센트 동전들. 모두 합치면 2유로가 넘으니 커피값으로는 충분했다. 털린 건가 싶었다. 고맙다는 말을 들었지만 씁쓸했다.

한참을 걷다가 승환씨를 다시 만났다. 그와 함께 카리온을 향했는데, 마지막 6km 구간은 정말 힘들었다. 드물게 오가는 차를 보면서 히치하이크라도 하고 싶었다. 때마침 멋있는 제복을 입은 경찰 오토바이 두 대가 지나는 것이 아닌가? 엄지손가락을 세우며 태워달라는 신호를 보냈다. 우리 두 사람을 위해 나타난 '민중의 지팡이' 라고 생각했다. 물론 착각이었다. 그냥 쌩 지나가 버렸다. 그것은 아무나 하는 게 아니라며 힘든 중에도 웃고 있었는데 오토바이 한 대가 되돌아와서 우리에게 말했다.

"Spain, Outo stop! No!."

다시 쌩하고 떠난 뒷모습을 보며 우린 눈만 껌뻑이다가 그만 박장대소했다.

"캬캬캬……. 아이고 배야."

"우린 히치하이크를 했는데, 오토 스탑이 뭐지?"

이런저런 일을 겪으면서 길을 걸었다. 목적지까지 남겨둔 1km는 고통이었다. 걸어도 걸어도 거리가 줄어들지 않았고 발이 점점 무거워졌다. 당황했고, 씁쓸했고, 깔깔 웃었던 감정들은 몽땅 배낭에 넣은 채 카리온에 다다를 때까지 우리는 적정거리를 유지하며 침묵으로 걸어야만 했다. 말할 수 없이 힘들 땐 아무 말도 하지 않는 게 당연하다.

혜진이 묵는 알베르게에 자리가 있다고 했다. 그곳에 가기로 하고 오랜만에 만난 여럿이 저녁을 먼저 먹었다. 지친 순례자에게 한 끼 식사는 감사다. 차려진 음식이 진수성찬이었다. 즐겁게 먹다 보니 8시 30분이 훌쩍 넘었다. 그제야 부랴부랴 숙소에 들어갔다. 그곳은 수녀님들이 운영하는 알베르게다. 들어갔는데 수녀님이 막 화를 냈다. 입실 시간이 너무 늦어서 그랬던 것 같다. 체크인을 먼저 한 후에 나갔어야 했는데, 우리는 모두 초보 순례자라서 그것을 알지 못했다. 승환씨 발목부상을 얘기했고 스페인어를 하는 친구들의 도움을 받아서 어렵게 방을 배정받았다. 싱글침대가 늘어선 방에 들어갔는데 넓고 쾌적했다. 그런데 또 둘이다. 어제도 추웠는데 오늘도 춥다. 순례자 여럿이 있어야 온기가 있는데 말이다. 수녀님의 엄격함이 추위를 더한다. 그런데도 감사함으로 하루를 마무리한다.

3월 29일 금요일. 다시 또, 별이 빛나는 밤

아영, 혜진, 승환씨, 독일 친구들, 페드로, 주트 등 그립던 까미노 친구들과 아침 인사를 나눴다. 다들 며칠을 못 봤다면서 반갑게 이야기를 나눈 후 각자 길에 나섰다. 오르니오스 이후 3일 동안 너무 열심히 걸었던 것이 무리였을까? 발가락 물집이 많이 잡혔다. 걷는 내내 길이 힘들었다. 주황색 커버를 씌운 내 배낭을 길가에 내동댕이쳤고 그 위에 주저앉기를 여러 번 했다. 뜨거운 태양을 피할 곳이 없는 들판이었다.

"오늘 목적지인 레디고스까지 갈 수 없을 것 같아. 그러니까 먼저 가."

자신이 없어진 나는 천천히 가고 싶었다. 혜진, 아영, 승환씨는 더 가자고 나를 설득했다. 안 그러면 혼자 자거나 또 누군가와 불편하게 자게 될 거라고……. 힘겨웠지만 그들의 격려로 마을에 닿았다. 전날 처음 만났던 현민씨도 보았고, 수정도 있고, 모니카와 카탈리나도 있었다. 반가움과 함께 따듯한 숙소라서 그랬는지 피로가 녹는 듯했다. 이들과 함께 필그림 메뉴(순례자를 위한 식사를 이르는 말)와 와인으로 기분 좋은 식사를 했다. 그리고 우리는 현민씨가 가져온 헤드 랜턴을 의지해서 세 번째 별 보기에 나섰다. 아름답다. 보아도 보아도 새롭게 빛나는 별들을 뒤로하고 숙소로 들어왔는데 뱃속이 좀 이상했다. 잠이 쉬 오지 않았다. 한방을 쓰는 여러 순례자 중에서 카탈리나가 먼저 잠든 것을 알 수 있었다. 이어서 한 명 두 명 잠들어가는데 난 살살 아픈 배를 쓸며 뒤척였다. 코골이가 심한 사람이 있어서 더욱 잘 수가 없었다. 나도 저렇게 골 거라는 생각과 잡념들로 잠이 달아났고, 몸이 괴로웠다.

3월 30일 토요일. 김빠진 콜라

밤새 복통과 몸살 기운으로 뒤척이다 일어났다. 화장실도 세 번은 다녀왔다. 과민성 대장 증후군인가 싶었다. 얼마쯤 걸었을까? 마을이 하나 나왔지만 이른 아침이기도 하고 쉴 만한 곳이 없었다. 복통이 계속 있고 기운이 없었다. 식은땀까지 나니까 정신이 하나도 없었다. 한 걸음 옮기는 발이 천근만근이었다. 게다가 배가 점점 더 아파서 화장실을 얼른 가야만 했다. 순례자는 길을 걷다가 적당한 화장실을 찾지 못할 경우 자연 친화적인 방법으로 문제를 해결해야 한다. 그것은 여성들에게 더 힘든 일이다. 다행스럽게도 난 아직 길에서 용변을 봐야 하는 곤란함을 겪지 않았다. 그런데 지금 그 일을 겪을까 봐 더 두려웠고 걱정스러웠다. 무거운 발걸음을 재촉해서 걸으니 마침 바르가 한 곳 보였다. 내가 그렇게도 좋아하는, 매일 마셨던 카페 콘 레체 대신에 이온 음료를 샀다. 그리고는 화장실을 쓰겠다고 하고 곧장 들어갔다. 염려했던 위기를 넘기고 나니 기운이 쭉 빠졌다. 고맙다고 인사하고 다시 나섰는데 어지럼증까지 생겼다. 조금 더 걸어가니까 아영하고 승환씨가 바르에 앉아서 쉬고 있었다. 그들에게 내 상황을 이야기했고, 더 걸어서는 안 되겠다는 생각이 들었다. 그래서 바르 주인에게 택시를 불러줄 수 있냐고 부탁했다. 그의 도움으로 택시가 왔고, 사하군이 큰 마을이니까 그곳으로 가면 된다고 알려주었다. 복통으로 힘들었던 나에게 천사가 되어준 그가 고마웠다. 점프할까 말까 고민했던 아영과 승환씨도 함께 택시를 타고 10km쯤 되는 거리를 달려서 10분 만에 도착했다. 알베르게 체크인까지 한참 기다려야 한다고 했다. 도저히 그렇게 할 수 없는 상황이라 판단했고, 가까운 곳 호텔로 갔다.

아담하고 조용한 방에 들어간 나는 가방을 내려놓은 채 이불 속으로 바로 들어갔다. 자다가 깨기를 반복했고, 화장실 드나들기를 반복했다. 가족이 그립고 외로웠다. '이러다가 죽을 수도 있겠구나' 하는 생각도 들었다. 슬픔과 고통과 두려움에 휩싸이니까 유튜브의 CCM 찬양이 내 기도가 되었고 위로였다. 그렇게 늦은 저녁까지 끙끙 앓다가 이래서는 안 되겠다 싶어서 로비로 내려갔다. 마침 리셉션에 사장이 있었다. 복통이 아직 심해서 온종일 이온 음료수 말고는 먹은 것이 없다고 했다. 뭘 먹으면 좋겠냐고 물으니까 토스트와 바나나와 따뜻한 차를 권하면서 김빠진 콜라를 마시는 것도 좋다고 했다.

'잉? 김빠진 콜라?'

좀 의아했다. 하지만 그것을 받아들고 방으로 올라가서 또 잤다. 자다가 깨서 살아야 한다는 생각으로 빵 한 조각 물고, 잠들고, 차 한 모금 마시기를 반복했다. 11시쯤 지나서 뚜껑을 열어 김을 뺐던 콜라를 마시니 왜 마시라고 했는지 그제야 알게 됐다. 탄산이 빠진 설탕물이니까 그랬던 거다. 밤새 열과 몸살 기운과 복통과 설사로 씨름해야 했다. 그러면서도 오로지 한 가지 생각.

'다 괜찮아질 거야. 그분이 도와주고 계시잖아.'

3월 31일 주일. 천사

마침 주일! 비록 아팠지만 조용한 호텔 싱글룸에서 설교를 들을 수 있는 시간이 감사했다. 걷는 시간을 멈춰서 컨디션을 조절하고 길에 나섰던 첫 마음을 찾아보았다.

온라인 예배를 드린 후에 어느 정도 기운이 생겨서 로비로 내려갔다. 어제 김빠진 콜라를 권해주면서 아픈 순례자를 걱정해주었던 사장을 만나야 할 것 같았다. 그녀의 이름은 파티마. 어떻게든 고마운 마음을 표시하고 싶어서 준비해 간 책갈피를 선물했다. 좋아했다. 그러더니 연락처를 달랜다. 자기가 한국에 갈 테니 꼭 보자고 하면서 1월이나 2월 중에서 언제가 여행하기 좋으냐며 물었다.

"2월이 덜 추워요. 우리 그때 꼭 만나요."

이렇게 말하면서 그녀를 바라보는데 눈물이 핑 돌았다. 아프고 외로울 때 도와준 천사 파티마! 서울에 오면 맛있는 밥을 꼭 사주고 싶었다. 이런저런 얘기를 나누고 함빡 웃으며 사진을 찍으니까 다 나은 것 같았다. 전날보다 많이 편안해지니까 순례길을 다시 걸어야 한다는 생각에 이르렀다. 그래서 다시 순례자의 알베르게로 옮겼다. 내 침대에 가방을 풀고 뒤뜰에 나가서 이름 모를 새소리를 듣는데 평안함이 에워싸는 걸 느꼈다. 전날 묵었던 호텔 사장 파티마의 친절이 감동이었고 회복된 것이 감사해서 그랬다.

'천사가 되어준 파티마! 고마워. 주님! 감사해요.'

4월 1일 월요일. 호스피탈레로 페페

밤사이 뒤척였다. 아직은 불편하구나 싶었다. 걷는 것은 무리일 것 같아서 레온까지 기차를 타고 가기로 했다. 기차 시간을 알아보던 중에 호스피탈레로인 페페 할아버지가 쉽게 가는 버스가 있으니 그것을 타라고 했다. 당신도 레온까지 가야 하니까 함께 가도 좋다고 했다. 무거운 배낭을 메고 기차역까지 걸어갈 게 걱정이었는데 마침 잘 됐다.

큰 도시 레온에 도착했다. 까미노 친구들에게 안부를 전하던 중 혜진과 아영이 가까운 곳에 있다는 소식을 들었다. 내가 아파서 하루 쉬는 동안 나의 친구들은 많이 걸어왔다. 반가운 그들과 함께 호텔을 쉐어 해서 짐을 풀었다. 점심을 먹으러 중국식 뷔페 웍 YOK을 갔다. 지난 이틀간 먹는 것이 부실했던 터라서 조심스럽게, 든든히 먹었다. 레온 대성당과 시내를 둘러보고 빨래방에서 세탁을 해오니까 하루가 금방 지났다.

'내일이면 리스본에 사는 브라질인 리옹이 귀가한다고 했고, 주트와 네우스는 부지런히 걷겠지? 승환씨도 여전히 아픈 발목 때문에 두 구간을 점프해서 아스트로가를 향했을 거고, 혜진이와 아영도 열심히 까미노를 걷고 있을 거야.'

이런저런 생각에 나도 나서야겠다고 생각했다. 그래서 다음날 간식으로 바나나와 사과를 샀다. 호텔에 들어와서 배낭을 정리해 세워놓고 휴식을 취했다.

다시 처음의 마음으로, 부엔 까미노!

4월 2일 화요일. 배낭을 다시 풀며

무엇을 알게 하시려는 걸까? 걷겠다고 꾸렸던 배낭을 챙겨서 한인 민박으로 갈 수밖에 없었다. 밤사이에 화장실을 두어 번 다녀왔고, 윗배에 통증이 계속 있었다. 밥을 먹고 싶었지만 해 먹을 기운이 없었다. 그래서 찾은 곳이 한인 민박이었다. 65세 된 사장님을 이모님이라 부르면서 도움을 받을 수 있었다. 민박 이모님이 내 사정을 알고 부드러운 밥과 계란찜을 해주셨다. 입에 딱 맞았다. 잃었던 입맛을 찾아 저녁에는 제법 많이 먹기도 했다. 김치와 불고기, 콩장 반찬을 스페인 레온에서 만났으니 얼마나 맛있었겠는가? 기운을 차리고 필요한 물건을 좀 샀다. 약간의 화장품과 배탈에 먹을 약과 론세스바예스에서 잃어버렸던 돋보기를 준비하니까 든든했다. 한인 민박이라서 그랬는지 반가운 이들도 만났다. 잘 걷는지 소식이 궁금했던 쑨님과 현민님을 만났다. 그들을 통해서 수정도 잘 걷고 있다는 소식을 들으니까 반가웠다. 이제 다시 걸을 까미노 준비는 다 되었다. 컨디션만 회복하면 된다. 그래서 내일이 기다려짐에 감사하다.

멈추었을 때 비로소 보였던 것들이 참 소중하다. 인생 순례길에서 또다시 멈추어야 하는 순간이 온다면 아마도 조급하거나 불안할 수 있다. 하지만 이내 담담히 그 시간을 받아들이고 앞으로 나갈 수 있다. 나의 경험들이 내면의 단단함으로 채워지는 은혜를 누렸기 때문이다.

멈춤으로 인해서, 그래서 나는 다시 나아갈 수 있다.

산티아고 순례길 · 7

- 고결한 손

산티아고 순례길 · 7

- 고결한 손

레온 - 아스트로가

요즘 여기저기 아파서 애쓰는 우리 엄마를 모시고 한의원에 다닌다. 팔순이 지나면서 부쩍 왜소해지는 엄마를 볼 때마다 울컥하는 속마음을 숨기기 바쁘다. 침 치료를 하는데도 통증이 사라지지 않아서 걱정 반, 짜증 반의 감정으로 퉁명스러운 표정을 할 때도 있다. 참 못난 딸이다.

우리 엄마는 아프지 않은 곳이 없다. 허리, 무릎, 목, 어깨……. 작년 가을에 디스크가 눌려 척수 손상이 되면서 허벅지 안쪽도 아프다. 이런 통증을 치료하려고 침을 맞고 있다. 손가락도 아파서 거기에 침을 꽂았다고 보여주는데 앙상해진 손마디와 주름진 손에 놀랐다. 마디가 굵어진 탓에 쌍가락지가 빙빙 돌 뿐 빠지지 않는다.

엄마는 3, 4년 전까지 텃밭 농사를 지으면서도 세련된 매니큐어를 발랐던 멋쟁이 할머니였다. 음식을 잘하는 사람으로 통했었다. 아버지 대신 농사일을 할 때는 여느 집보다도 수확량이 많아서 부러움이 대상이 되기도 했다. 동생과 내가 아플 때면 손을 올려 기도했던 약손이기도 했다.

그뿐 아니다. 꽃나무 가꾸기를 좋아해서 먹거리를 심어 먹는 텃밭을 꽃밭으로 만들기도 했다. 누군가는 어여쁜 꽃들에 감탄하고, 또 다른 이들은 채소를 심어 먹지 땅이 아깝다고도 했다. 하지만 남들의 말이 크게 중요하지 않다고 했다. 엄마의 손길을 거쳐서 봄, 여름. 가을마다 다르게 피어나는 향기와 빛깔이 참 좋았다. 그 손으로 가족을 지켰고, 자신을 소중하게 가꾸었고, 이웃을 즐겁게 했다. 이런 우리 엄마 손이 굵게 마디지고 휘어져서 몹시 아프다고 한다. 그렇게도 따뜻했던 손은 혈액순환이 잘 안 되는지 차갑다. 세상에서 가장 위대한 손에게 상을 준다면, 그것은 우리 엄마 손일 것이다.

'엄마 손은 고결한 손이야. 그래서 나는 엄마를 존경해.'

우리 엄마처럼 가정을 일으켜 세우는 손이 있는가 하면, 누군가는 그 손으로 예술을 창작하기도 한다. 어떻게 살아야 하는가를 고민하는 인간에게 손은 방향키 같기도 하다. 손을 어떻게 사용하는가에 따라서 삶의 결과는 달라지기 때문이다.

순례길을 걸으면서 가우디의 건축물 두 개를 볼 수 있었다. 까만 돌 판을 지붕으로 올린 레온의 '까사 보티네스' 와 아스트로가의 '주교궁' 이 그것이다. 배앓이를 하느라 아파서 레온의 가우디 건축물은 스쳐 지났다. 그 아쉬운 마음 때문에 아스트로가의 주교궁을 꼼꼼히 관람했던 기억이 난다. 사람의 상상력을 뛰어넘어 가우디의 손으로 만들어낸 건축예술에 감탄한 적이 있지 않은가? 구엘공원과 바르셀로나 곳곳에서 놀라움을 금치 못한 적이 있다. 건축을 향한 그의 노력과 끈기가 고결하게 여겨졌다. 나의 빨간 수첩에서 아스트로가의 여정을 찾아 기억해 본다.

4월 3일 수요일. 아스트로가의 위로

레온에 있는 한인 민박의 이모님 도움으로 집밥을 먹을 수 있었다. 그래서인지 건강한 변을 본 아침이었다. 길을 출발하라는 신호였다. 배낭을 메고 오전 10시 15분 알사 ALSA 버스를 타러 가는 길이 가볍고 설레었다. 기운이 좀 없고 큰 산을 하나 넘어야 하는 루트를 남겨놓고 있었다. 그래서 오늘까지 조심하자는 생각에 아스트로가까지 버스를 탄 일은 잘한 것이었다. 50여 분을 달려서 아스트로가에 내렸다. 좀 걸어가니까 눈앞에서 18세기에 건축된 대성당이 펼쳐졌다. 그 옆에 서 있는 주교궁도 보였다. 데이트를 앞둔 아가씨 때처럼 설레는 내 마음에 나도 놀랐다. '얼른 무거운 가방부터 내려놓고 나와야겠어.' 하는 생각에 부지런히 알베르게를 찾았다. 그러다가 여기에서 유명한 시청의 쌍둥이 탑까지 보니까 소풍 나온 아이처럼 신이 났다. 마침 두 사람의 형상이 댕댕댕 종을 울리고 있는 것이 아닌가? 전통복장을 입은 남녀가 매시간 종 치는 모습을 관광객이나 순례객은 즐겁게 본다고 했다. 나 역시 인내하고 노력한 순례의 시간을 격려받는 것 같아서 좋았다. 날 위로하는, 선물과도 같은 풍경이 아스트로가 광장에 펼쳐져서 난 다시 다짐했다.

'그래, 내일부터 다시 걸어야지.'

회반죽과 돌로 지은 성벽 길 끝 즈음 있는 알베르게에 도착했다. 침대 배정을 받고 짐을 푸는데 브라질의 이민 2세, 한이 인사를 건네왔다. 순례길에 대한 정보를 많이 알고 있는 듯했다. 평이 좋은 알베르게나 마을에 대한 정보들 말이다. 몇몇 이야기를 듣고 나서 주방으로 내려가 보았다. 마침 쌀과 채소가 있어서 야채죽을 끓여서 먹었다. 맛과 여유로운 시간이 새삼 좋았다. 나에게 배앓이 고통이 있었나 싶을 만큼 모든 것이 편안했다.

조금 쌀쌀한 오후지만 가우디를 만나러 주교궁을 향했다.

"신은 인간의 손을 통해서 끝없는 창조물을 보여주신다."

이것은 천재건축가로 불리는 가우디의 신념이었다고 한다. 그래서인지 그의 건축물은 이성과 상상을 뛰어넘어 끝없이 무한한 가능성을 현실로 보여주었다. 그것이 담긴 건축물 주교궁은 고전적이면서도 현대적으로 보였다. 모더니즘과 네오 고딕 양식이 섞여서 그렇다는 설명이 있지만 이론만으로는 이해가 되지 않았다. 그런데 이것이 눈 앞에 펼쳐진 순간 충분히 이해되었다. 화려한 스테인드글라스로 채운 내부와 시원한 아치형 천장의 세밀함이 감탄을 쏟아놓게 했다. 1887년에 준공돼서 가우디 사망 이후 1960년대까지 완성되지 못했다가 현재 모습을 가진 것이라고 한다.

천천히 거닐며 바라보는 창문 하나하나가 창의적이었다. 현재는 순례자를 위한 박물관으로 사용되어서인지 그들을 상징하는 수십 점의 조각과 그림이 있었다. 그것들이 나를 느릿느릿 이끌었다. 화려하면서도 아기자기한 곳곳의 세밀함이 대칭형으로 펼쳐져서 편안하게 느낀 것 같다. 계단을 오르내리는 동선 또한 자연스러웠다. 외관은 화려하거나 권위적이지 않았는데, 내부는 화려함과 권위적인 설치와 편안을 위한 배려가 곳곳에 표현된 것 같았다. 크지 않은 공간인데 3시간을 쉬면서 위안을 받았다. 스테인드글라스 창문으로 비치는 햇살이 내려앉은 의자가 순례자 행복을 만들어냈다. 여유가 주는 편안함이 내 마음속 그리움을 꺼냈다. 가족이 보고 싶다.

우리 엄마나 가우디는 역경의 시간을 살아낸 인물이다. 가우디가 어떻게 살아가야 하는지 고민하며 그의 손으로 노력했던 것처럼, 우리 엄마 또한 그렇게 살아왔다. 근육이 빠지고 손가락 마디가 굵어져서 안쓰럽지만 믿음의 방향키를 꽉 잡았던 손이다. 우리 가정을 잘 지켜낸 엄마 손이 고맙다. 그리고 자랑스럽다.

산티아고 순례길 · 8

- 봄이 겨울을 만나도

산티아고 순례길 · 8

- 봄이 겨울을 만나도

아스트로가 - 폰페라다

모란꽃 봉오리 하나! 라일락 한 송이! 우리 집 마당엔 봄이 한창이다. 앞마당 개나리꽃이 설레는 봄을 알리더니 어느새 은은한 빛으로 침착하라는 듯 돌단풍이 만개했다. 진보라색 무스카리도 작은 키를 내밀며 봐 달라고 성화다. 커다란 목단이 곧 한 송이 터뜨릴 기세를 하고 있다.

마음껏 봄을 누릴 때 겨울을 만나면 어떨까? 마음은 봄날인데 관계에서 싸늘한 겨울을 만나기도 한다. 봄길을 걷고 있는데 모진 겨울길을 만나기도 한다. 이때 내면의 단단함이 있다면 아무런 문제가 되지 않는다.

이 정도 쯤이야

올봄엔 유난히도 짧은 시간에 봄꽃들이 피어나고 있다. 앞마당에 질세라 뒷마당에는 박태기나무가 그 큰 키에 알알이 빛나는 분홍 꽃을 주렁주렁 달았다. 50년을 살아온 겹철쭉도 어김없이 그 고상한 연분홍빛을 뽐낸다. 향기로 사로잡는 라일락이 자꾸만 뒷마당을 서성이게 한다. 그 한 송이를 꺾어다가 작은 화병에 꽂아두고 내내 코를 들이민다. 연보라빛 라일락꽃 한 송이가 내 삶에 긍정을 한 줌 더한다.

한편으로는 요 며칠 퍽퍽하고 푸석하다. 딸을 몹시 그리워하는 내 마음을 알아채지 못하는 남편이 맨날 '탁구' 얘기만 하고 있다. 그가 좋아하는 운동이라는 것을 알고, 동아리를 꾸려서 열심히 활동하는 것을 안다. 하지만 서운한 마음을 알아채지 못한다. 분위기 좋은 카페를 가자고 하면 집 커피 마시자고 한다. 드라이브 가자고 하면 10여 분 거리의 호수공원을 가자고 한다.

'아휴, 정말 뭘 모르네. 다빈이가 볼리비아 안 갔으면 벌써 어딘가 다녀왔을 거야.'

이런 푸념을 하면서 딸 생각을 많이 하게 된다. 내 마음은 그리운 봄인데 눈치 없는 남편은 자꾸 탁구 얘기만 한다. 그만하라고 쏘아붙이면 되레 화를 낸다. 그래서 우리 부부 마음은 건조한 가을 끝에서 겨울을 만난 것처럼 싸늘하다.

그래도 어쩌겠는가? '우리 남편이 최고'라고 말했던 때도 종종 있었으니까 좀 춥더라도 내가 선택한 배우자를 너그럽게 생각해 주자 싶다.

난 봄이 한창인 마당 향기에 취해서 행복하다. 또 다르게는 눈치 없는 나의 남자가 내 추위를 감쌀 줄 몰라서 겨울 한복판에 서 있는 기분이다.

"이 정도 쯤이야!"라고 말할 수 있는 일상, 이것이 내 삶이다.

그래, 초봄에 가자

산티아고를 향하는 순례길, 그 길을 걷는 이들은 '까미노'라고도 부른다. 이는 스페인어로 '길'이라는 뜻을 가졌다. 순례자가 되기로 한 후 까미노에 나서는 사람은 몇 가지 중요한 결정을 해야 한다. 산티아고에 이르는 여러 갈래의 길이 있다. 그중에 프랑스길을 걸을지, 아니면 포르투갈길이나 북쪽길(산티아고에 이르는 북쪽길로써 바다를 끼고 걷는 아름다운 길), 또는 은의길(세비야에서 시작해서 북쪽을 향해 가는 길 Via de la Plata; 은을 운반했던 길에서 유래했다고도 함)이나 마드리드길을 걸을지 선택하고 나면 어느 계절에 나서는 것이 좋을지 정해야 한다. 내 선택은 이랬다.

"봄이 시작될 때 프랑스길을 걷자."

추운 겨울은 견디기 힘들 것 같았고 봄여름을 관통하는 성수기는 사람이 너무 많을 테니까 딱 초봄이 좋겠다 싶었다. 걷다가 만날 봄빛을 기대하기도 했다. 난 봄만 되면 어디로든 돌아다녀야 행복한 사람이다. 그래서 적절한 시기라고 여겨졌다.

"그래, 초봄에 가는 거야."

걷고 아프다 보니 완연한 봄

5일 동안 배앓이를 하느라 택시와 알사 버스를 탄 적이 있다. 전에는 다리 부상으로 멈추거나 점프하는 이들이 부러웠다. 그런데 막상 아프니까 까미노 걷는 순례자를 부러워하게 되었고, 어서 걷고 싶다는 소망을 갖게 되었다.

드디어 걷게 되었다. 기운이 좀 없었지만 힘껏 20km를 걸었다. 걸을 만했다. 그런데 이전과는 다르게 까미노가 세세히 보였다. 봄이었다. 분홍, 노랑, 연보라 꽃들이 창가에서, 담벼락에서, 울타리에서 빛나고 있었다. 걷다가 보니까 추위가 스러졌고 아프다 보니까 봄이 성큼 와 있었다. 걷는 시기를 잘 골랐다.

그렇게 봄길을 걸어서 하바날까지 도착했다. 몸이 아직 다 회복되지 않았는지 거실에 앉았는데 추웠다. 낮 동안 누렸던 따뜻함은 온데간데없이 화목난로 옆에 앉아서 알베르게에 들어오는 사람들을 기다렸다. 보통은 다음 마을인 폰세바돈까지 5.6km를 더 걷는다. 하지만 난 아팠던 끝이라서 이 마을에 머무를 수밖에 없었다. 드문드문 들어오는 이들이 있었는데 모두 남자였다. 결국 남자 다섯 명에 나 혼자. 이제는 아무렇지도 않은 상황이라고 여겼지만 그래도 어색하긴 매한가지였다. 마침 아스트로가에서 만난 브라질 한이 있어서 이야기를 나누었고 의지가 되었다.

"오늘 이십 킬로미터를 걷는데 많이 힘들더라고요. 복통이 다 가라앉지 않았는데 무리했나 봐요."

"그럼 모찔라 서비스(한국인들은 '동키 서비스'라고도 부르며, 배낭을 일정 구간 배송해주는 유료 서비스다)를 이용해 보세요."

"그게 뭐죠?"

"내일 목적지인 마을까지 5유로를 내고 배낭을 보내는 거예요. 아직 아프니까 해 보세요?"

"그럴까요? 꼭 필요한 서비스네요."

그의 설명에 선뜻 그렇게 해야겠다고 생각했다.

"잘 생각하셨어요. 밤새 눈이 온다는 예보도 있고, 여기부터는 산을 지나야 하니까 그렇게 하세요."

"눈이 온대서 걱정하고 있었어요. 여기가 높긴 높은가 봐요."

이렇게 말해놓고 보니까 가방을 보내면 물이나 비상식량(빵이나 초콜릿이나 사탕 등)을 어떻게 가져가야 하나 걱정이 생겼다.

"필요한 것들을 주머니에 모두 넣을 수도 없고, 작은 가방이 없어요."

이때 한이 자기 가방을 주겠다고 했다.

"혹시 쓸 것 같아서 가져왔는데 아직 안 썼어요. 꼭 필요한 분이 가져가세요."

이렇게 고마울 수가…….

"고맙게 잘 쓸게요. 그럼 저녁 먹을 시간이 되어 가는데, 같이 나가서 순례자메뉴를 먹고 오죠."

감사의 표시로 저녁을 샀다. 그렇게 저녁 식사를 하다가 워싱턴에서 목회하는 목사님 부부를 만났고 그들과 이런저런 이야기를 나눌 수 있었다. 그렇게 까미노의 한밤이 훈훈하게 지났다.

4월의 눈

하바날 알베르게에서 하룻밤 잘 자고 일어났다. 동키 서비스를 이용할 수 있게 신청서를 써서 잘 묶어놓았다. 가벼운 몸으로 문을 나서는데 눈발이 날리고 있었다. 밤새 내린 눈도 꽤 쌓였다. 잘 갈 수 있을까? 걱정이 앞섰다.

둘러보니까 앞서가는 순례자가 한 명도 보이지 않았다. 브라질에서 온 한은 해뜨기 전에 출발한다고 했는데, 다들 그렇게 일찍 간 모양이었다. 해발 1400m에 있는 폰세바돈을 행해서 가는 길은 겨울이었다.

'4월에 눈이라니.'

이른 아침 눈 쌓인 길이 걱정스러웠다. 점점 산속으로 들어서는데 무거운 눈에 늘어진 나뭇가지들이 길을 가로막기도 했다. 좁은 산길이 잘 보이지 않는 구간도 있었고, 양지바른 곳곳은 살짝 녹아서 미끄럽기도 했다. 인적이 드문 구간이라서 넘어지기라도 하면 큰일이겠다는 생각을 했다. 그렇게 두려운 마음으로 험한 눈길을 걸으니까 기도와 찬양이 저절로 나왔다. 절경이 시야에 들어올 때는 사진도 찍었다. 두려움과 감사를 함께 경험한 모험의 시간이기도 했다. 전날은 봄꽃 향연이더니 하룻밤 사이에 설경으로 둘러싸인 겨울 풍경이었다. 이른 봄 3, 4월을 선택한 것은 잘한 일이었다. 설산을 보리라곤 상상도 못 했으니까.

폰세바돈을 지나서 얼마쯤 걸어가니까 순례자들이 특별한 의미를 지니는 '철의 십자가' 가 나왔다. 돌무더기에 세워진 5m 나무 기둥 위에 철로 만든 십자가가 세워져 있어서 그렇게 부른다. 순례자들은 각자의 소원을 적은 돌을 올려놓고 기도한다. 또는 누군가를 향한 그리움이나 감당할 수 없는 슬픔을 내려놓고 가기도 한다. 나는 소원의 돌을 가져가지 않았지만, 간절함으로 기도를 했다.

'오늘을 감사드립니다. 이 감사가 끊이지 않게 제 삶을 이끌어주세요.'

다시 봄빛

철의 십자가를 지나서 엘 아세보를 향해 가는 길은 아주 가파른 산등성이로 내리막길이었다. 긴장을 늦추면 다치기 쉬운 눈길이어서 살살 내려갔다. 배고프고 지칠 때쯤 고즈넉한 이 마을이 보여서 얼마나 반가웠는지! 더 기뻤던 것은 꽃들이 다시 보이기 시작한 사실이었다. 엘 아세보 마을에 딱 하나 열려있던 식당에 들어갔다. 거기서 반가운 사람들을 만났다. 아영과 혜진을 만났고 미국인 진을 만났다. 모두가 고생한 얼굴빛이었지만 미소가 한가득했다.

우리는 난롯가 옆에 앉아서 점심을 먹으며 눈길에 젖은 신발을 말렸다. 물론 다 말릴 순 없었다. 밥 먹고 쉬는 시간이 아무리 좋아도 순례자는 길을 나서야 한다. 따뜻하고 반가운 순간을 뒤로하고 나서니까 언제 겨울길을 걸었냐는 듯 험한 봄길이 펼쳐졌다. 꼬불꼬불한 길, 아주 가파른 길, 돌밭 내리막으로 이어지는 골짜기 길을 계속 걸었다. 하지만 눈으로 뒤덮인 길을 걸었던 터여서 곳곳에 꽃이 보이는 이 길이 힘들게 느껴지지 않았다. 흐르는 냇물을 가로지르는 다리를 건너서 아름다운 마을 믈리나세카에 도착했다. 몇몇 순례자는 언제 추웠냐는 듯이 양말을 벗고 물놀이를 즐겼다. 웃음 가득한 얼굴이었다.

'무엇이 우리를 이토록 행복하게 만들까?'

그것은 산티아고 순례길이 가진 힘이라고 생각했다. 서로 다른 사람들이 각자의 사연과 이유를 가지고 걷는다. 그러나 까미노에서는 모두가 순례자의 공평함을 누린다. 그래서 서로 의지하고, 친구가 되고, 하나가 된다. 함께 먹고, 함께 자고, 함께 걸으면서 까미노 가족이 된다. 그래서 걷는 동안 마음 찡그릴 일이 없고 마냥 행복했다. 우리는 모두 겨울을 이겨낸 봄처럼 단단하고 따뜻해졌다.

하루를 걸으면서 봄과 겨울을 보았다. 그리고 5만보를 기록하며 33km를 걸었다. 며칠 아팠던 것을 생각하면 동키의 힘이 대단하다. 그 서비스를 알려준 브라질의 한도 고마웠다. 그를 다시 폰페라다의 알베르게에서 만났을 때 알았다.

'한, 당신도 나의 까미노 가족입니다.'

나는 안다.

봄이 겨울을 만나도 행복할 수 있다는 것과 남편이 내 심기를 다 헤아리지 못해도 '이 정도 쯤이야!' 라고 넘길 수 있는 내면의 단단함이 나에게 있다는 것을.

"그래. 앞으로 계속 이렇게 살아가는 거야."

산티아고 순례길 · 9
- 진심

산티아고 순례길 · 9
- 진심

폰페라다 - 비야프랑카

지난주일 설교 중이었다. 담임목사님이 한 장 사진을 보여주며 말씀을 이어갔다.

4월 13일 밤에 이란이 이스라엘을 향해 보복 공격을 했던 사진이다. 드론과 미사일로 대규모 심야 공습을 하는 장면을 보았는데, 계속되는 전쟁의 아픔보다 익숙해져 가는 마음에 대해 놀랐다고 했다. 또 두렵다고도 했다. 그 말씀이 딱 내 마음이어서 흠칫 놀랐다. 그 전날 밤에 잠이 오지 않아서 시집을 읽었을 때 생각한 부분이어서 그랬다.

드디어 미쳤다
안도현 시집 〈너에게 가려고 강을 만들었다〉

제 여인의 허리를 껴안던 팔로
남의 여인의 허리를 쏘려고 조준을 한다.

제 딸아이의 볼을 쓰다듬던 손으로
남의 딸아이의 볼을 향해 방아쇠를 당긴다

제 아들의 발등 앞에 축구공을 차주던 발로

남의 아들의 발등을 짓뭉개는 탱크를 운전한다

제 마을의 울타리가 부서지면 달려나가 수리하더니
남의 마을의 울타리는 박격포로 부숴버린다

제 나라의 나무와 꽃이 목마르면 물도 잘 뿌려주더니
남의 마을의 나무와 꽃에는 수천 발 미사일을 퍼붓는다
드디어 미쳤다……

제 집의 개는 사람보다 더 사랑하고
남의 집의 사람을 개보다 더 증오한다

안도현의 시 한 편으로, '나는 아주 소중한데 너는 그렇지 않아' 라고 생각하는 우리 마음을 들킨 것 같았다. 나의 죄성罪性이 두려웠다.

'이런 마음이 싸움과 전쟁을 빈번하게 하는 거 맞네. 나를 지키기 위해서 남은 어떻게 되어도 상관없다는 듯 미사일 공격을 당연하게 여기는 요즘이 아닌가? 나만 괜찮으면 된다는 세태에 익숙한 마음이야.'

한밤중까지 이런저런 생각을 하다가 잠이 들었는데, 아파했던 생각들을 콕 집는 목사님 설교에 놀랄 수밖에……. 그러면 안 되는 것에 익숙해진 마음이 두렵다는 말씀에 크게 공감했다. 그래서 희망을 정의한다. 싸움과 전쟁을 멈추고 평화가 찾아올 것을 위해 기도하는 우리 마음, 그 진심이 있기에 희망이다.

산티아고 순례길을 걸을 때도 그랬다.

아프다 보니까 더 걸을 수 없었다. 그제야 미처 보지 못하고 지나친 것들이 눈에 들어왔다. 사람의 선함으로 여러 도움을 주었던 이들의 따뜻한 진심이 보였다. 그래서 감사를 찾을 수 있었다. 낯선 길에서 타인을 경계하는 나를 벗어던지고 어느새 까미노 친구가 되어있는 우리를 발견하기도 했다. 고통이나 외로움에 지쳐서 순례길을 포기해도 뭐라고 할 사람이 하나도 없다. 그런데 자신과의 약속을 지키려고 끝까지 노력하는 이의 인내를 보기도 했다. 길에서 만났던 사람들의 배려와 사랑은 진심 어린 태도였다. 그래서 나는 순례길에 다시 나설 희망을 품는다.

산티아고에 이르는 프랑스길의 4월은 온갖 꽃이 가득했다. 하지만 한낮 더위는 순례자를 아주 힘들게 했다. 뜨거운 태양으로 건조해서 딱딱해진 길은 순례자의 신발을 흙투성이로 만들었고 그 고통이 파고들어서 곳곳에 물집을 만들었다. 그 흙먼지 가득한 트래킹화를 신고 절뚝이며 걷던 자리스를 처음 본 건 폰페레다를 향한 길이었다. 같은 알베르게에서 다시 만났을 때만 해도 가볍게 눈인사만 나눴다. 다음 날 아침, 배낭을 싸서 숙소를 나서던 나는 배앓이 끝이라서 먹는 것을 조심해야 했다. 순례자는 알베르게가 제공하는 아침을 사 먹거나 전날 장을 봐서 아침과 점심 도시락을 준비해서 먹고 출발한다. 하지만 나는 조심하자는 생각에 이온 음료와 물만 준비해서 나섰다. 그때 한 여자가 자그마한 사과 한 알을 주었다. 내 또래로 보였던 그녀 미소가 따뜻했다. 바로 베네수엘라에서 왔다는 자리스! 나는 진심으로 고맙다고 했다.

그날은 아파서 멈췄다가 걷기 시작한 지 3일째였다. 몸을 추스르면서 천천히 걷던 그 날, 내가 앞지를 수 있었던 유일한 순례자가 자리스였다. 신발을 질질 끌며 걷던 그녀 바지는 흙범벅이었고, 절뚝이는 다리가 유난히도 무거워 보였다.

'자리스는 이 긴 길을 다 걸을 수 있을까?'

성한 다리로 걷는 것도 힘든데 그녀가 끝까지 잘 걸을지 의아했다. 나는 걷다가 힘들 때 쉼터나 의자가 나오면 꼭 쉬어야 했다. 신발을 벗고 앉아 있으면 내가 앞질렀던 자리스가 인사하면서 지나갔다. 다시 걷기 시작해서 그녀를 앞질렀고, 쉬면서 또 그녀를 앞서 보냈다. 그러기를 여러 차례! '올라' 와 '부엔 까미노' 와 '어게인 하이' 를 반복하면서 말이다. 병이 났던 경험을 한 나는 그녀가 걱정됐다.

"아파봐서 아는데요, 절대로 무리하면 안 돼요. 자리스, 힘들면 택시를 타요."

하지만 그녀는 괜찮다고 했다. 한쪽 무릎이 안 좋은 채로 걷기 시작했는데 물집까지 생겨서 힘들다고 했다. 그런데도 걷겠다고 했다. 내가 보기엔 중간 마을에서 멈출 것 같았다. 걸음도 아주 느렸고, 고통스러워 보였으니까.

그날은 비야프랑카로 들어가는 날이었다. 유해진씨, 차승원씨 등 우리 연예인들이 출연한 '스페인 하숙' 을 찍었던 촬영지다. 그래서 우리 한국인 순례자들은 각별한 관심이 있는 곳이었다. 마을에 도착할 때까지 한참 비가 왔다. 판초 우의를 입었고, 스틱을 들었고, 손이 시려 장갑을 껴야 했다. 출발 아침부터 내리던 비가 온종일 왔고 추웠다. 지친 몸으로 숙소에 들어가서 씻고 세탁기를 돌린 후에 좀 쉬었다가 저녁을 먹으러 주방에 갔는데 자리스가 와있었다. 나보다 두어 시간 늦게 도착한 그녀는 순례길에 진심이었다. 도중에 숙박했을 것이라는 예상을 깨고 느릿한 발걸음으로 목적지에 도착한 자리스는

가톨릭 신자다. 산티아고 순례길에 믿음이라는 진심을 담아서 이겨내고 있는 희망의 걸음을 보여주었다.

산티아고 순례에 나섰던 우리는 거짓 없이 진심을 가지고 걸었기 때문에 각자 희망을 찾을 수 있었다.

오늘은 평화를 위해 기도한다. 그리고 되뇌어본다.

"진심은 희망이다."

산티아고 순례길 · 10

- 숲

산티아고 순례길 · 10

- 숲

비야프랑카 - 사리아

5월이 되면 숲은 초록 바다다. 나는 숲을 좋아한다. 숲길에 서 있는 것이 좋다. 울창한 나무숲에 가려진 하늘을 바라보는 것이 즐겁다. 나무 사이로 들려오는 새소리에 귀 기울이는 시간이 즐겁다. 그런 내게 기회가 왔다. 행복을 누릴 기회.

다음 주에 제주도에 갈 계획이다. 교회 친구들과 꽉 찬 1박 2일로 여정을 짰고, 아마도 한라산 둘레길과 올레길 일부를 걸을 것 같다.

'5월 한라산 숲길을 걷다니……. 눈부신 바다까지 보고 완전체 여행이야.'

이런 생각을 하니 실실 웃음도 난다. 함께 가는 친구들이 좋고 5월의 숲이라서 더 좋다. 소풍을 기다리던 50년 전의, 여덟 살 아이 마음이다.

작년 겨울이었다.

"제주도 올레길을 함께 가볼까?"

네 명이 만나서 식사를 하다가 가볍게 꺼냈던 얘기에, 모두가 그러자고 맞장구쳤다. 그래서 곧장 계획을 세웠다가 일들이 생겨서 못 갔다. 그 여행을 이번에 나서게 된 거다. 나는 올레길도 좋지만 숲 걷는 것을 더 좋아한다. 그런데 이번에 5월 한가운데서 나무숲을 만나다니 횡재한 기분이다. 동갑내기 세 명과 언니 한 명! 우리가 함께, 한라산 둘레길에 늘어선 나무 사이로 서 있을 걸 상상하니 저절로 홍이 난다.

길에 서는 사람들은 저마다 사연이 있다고 한다. 우리 네 명도 교회에서 만난 친구로 함께 출발하지만 그 숲길에서는 각자의 사연을 풀어놓을 것이다. 도란도란 수다로 풀거나 쭉 뻗은 삼나무 가지 끝에 걸린 하늘에 속삭이듯 털어놓을 수도 있을 것이다. 세밀한 것까지 들어주시는 분이 계시니까. 그렇게 우리 사연을 풀어서 꺼내놓고 오면 삶의 무게가 한결 가벼워지겠지!

내가 숲을 많이 좋아하게 된 계기는 순례길에서의 경험 때문이다. 누가 나무와 숲을 좋아하지 않을 수 있겠는가? 하지만 그냥 좋은 것이 아니라 나무에, 숲에, 자연에 감동했던 순간들을 겪다 보니까 그 경이로움의 위안을 늘 기억하게 된다.

프랑스길을 걷던 4월 8일이었다. 산과 시냇물을 낀 마을 비야프랑카를 출발해서 오 세브레이로라는 마을에 가는 날이었다. 약 1,300m의 높은 산 마을. 아침에 출발할 때만 해도 맑았는데, 오르면 오를수록 전날처럼 다시 비가 내리기 시작했다. 분명히 4월에 걸맞은 봄날에 출발했는데, 점심을 먹고 난 이후로 사계절이 점점 거꾸로 흐르는 것이었다. 편안한 마을 길을 지나서 산길로 접어드니 빗줄기가 점점 거세졌다. 구불구불 이어진 흙길이 내 발을 엉겨 감았고, 등줄기에는 땀인지 빗물인지 모를 것이 자꾸만 흘러내렸다. 한 발짝조차 떼기 어려운 것이 피레네 산맥을 넘던 발카를로스길을 생각나게 할 정도로 힘들었다. 결국, 진눈깨비까지 내렸고 더 오르는 것은 무리라고 판단했다. 그때 몇몇 까미노 친구들을 만났다. 힘드니까 가장 가까운 마을로 들어가자고 했다. 목적지를 5km 앞에 두고 작은 마을에 머무르게 됐다. 라 파바 라는 마을의 알베르게. 너무 추웠다. 밖은 진눈깨비에 거센 바람이 불었다. 세탁기와 건조기가 없는 이곳에서 어떻게든 젖은 옷가지를 말려야 했다. 마르지 않을 것을 알면서도 젖은 옷가지를 대충 빨아서 여기저기 걸쳐 놓았다.

눈비와 추위에 지쳐서였는지 배도 고팠다. 산턱에 있는 작은 마을이고 날이 너무 궂어서 그런지 영업하는 식당이 없었다. 할 수 없이 아영과 혜진, 마드리드에서 온 주트와 함께 음식을 마련해 함께 먹기로 했다. 우리는 파스타를 조리하기로 했고, 코리안 버전으로 착착 만들었다. 아영과 혜진과 내게는 익숙한 토마토 파스타 맛이었다. 다른 외국인 친구들이 나누어 먹으면서 '엄지 척' 을 해주었다. 한참을 먹고 이야기하면서 내일을 걱정하기도 했다.

춥고 힘든 시간을 보낸 이들이 저녁 한 끼 해 먹으면서 웃고 떠들다 보니 친밀함이 더해졌다. 이렇게 고단함을 잊을 수 있던 것은 분명 까미노가 주는 선물이었다. 그렇게 하루를 마무리하면서 침낭 안에 들어가 지퍼를 올리고 누우니까 집에 있는 가족이 생각났다. 다른 까미노 친구들의 안부도 궁금해졌다.

'베네수엘라 자리스는 오늘도 잘 걸었을까? 그녀는 혹시 오 세브레이로까지 간 건 아닐까? 내일은 브라질 한도 연락해봐야겠어.'

다음날, 서둘러 출발을 하고 싶었다. 하지만 전날보다 더 거세진 바람을 보면서 잦아들기를 기다렸다. 하지만 자연은 우리가 원하는 대로 움직여주지 않았다. 할 수 없이 비옷으로 무장하고 나가야 했다. 서로 옷매무새를 봐주던 마음은 우정이었다.

오 세브레이로까지는 5km. 그 마을의 정상을 찍어야 고도가 낮아진다. 오르면 오를수록 쌓인 눈이 많았고, 길도 미끄러웠다. 라바날에서 폰세바돈에 이르기까지 보았던 산지보다 더 높은 곳에 함박눈이 내렸다. 앞서간 승환씨에게 카톡 사진이 왔다. 제설작업 하는 차들이 많고 길이 미끄러우니 조심하라는 소식이었다. 브라질 한도, 너무 미끄럽고 위험하니까 천천히 오라고 당부했다. 뒤에 오는 수정도 눈을 만나서 겨울 구경한다고 했다. 조심, 또 조심! 그렇게 걸어서 오 세브레이로에 도착하니까 넓은 눈밭이 보였다. 이미 많은 이들이 눈사람을 만들어놓았는데 아영과 혜진도 만들고 가자며 눈을 굴렸다. 조심해야 한다는 생각에 나의 동심은 밀려났다. 그들의 귀여운 모습을 사진에 담기만 했다.

"청춘이 참 좋다. 보기만 해도 좋네."

쉼 없이 깔깔 웃는 그들이었다. 주황색 비옷을 입어서 알록달록한 청춘.

"초이님도 와서 같이 만들어요."

"아니, 난 사진으로 충분해."

한참을 놀다가 트리아 카스테야로 내려가는 길은 눈 쌓인 겨울 숲이었다. 미끄러지면 큰일 난다는 중년의 경각심이 모든 감각을 긴장시켰다. 넘어져서 어디 한 곳이라도 골절되면 큰일이라고 생각했다. 엎친 데 덮친 격으로 자욱한 안개를 뚫고 내려가야 하는 길이 또 다른 두려움을 갖게 했다. 한 치 앞도 보이지 않는 구간을 걸을 땐 진짜 무서웠다. 아영과 혜진이 없었으면 힘들 뻔했다.

"같이 걸어줘서 고마워."

젊은이들과 함께 큰 산, 어려운 산 하나를 넘었으니까 그저 고맙기만 했다.

라 파바를 지나서 오 세브레이로를 거쳐 트리아 카스테야에 이르는 동안 깊은 숲을 걸었다. 하얀 숲! 나중에 남편과 걸었던 봄에 안 사실이지만, 그곳은 아름다운 숲으로 이어진 깊은 산이다. 울창한 나무로 만들어진 숲 동굴도 있고, 온갖 새들이 지저귀기도 하고……. 비록 동키 서비스를 이용했지만 눈으로 뒤덮인 산을 넘어서 26km를 걸었으니까 잘했다고 칭찬할 만한 하루였다. 순례길을 걸으면서 나를 다독이고 칭찬하는 방법을 배웠던 시간이 소중하다. 포상의 의미로 필그림 메뉴(순례자를 위한 식사를 말한다.)를 든든하게 먹으면서 와인도 한 잔 곁들였다. 감사의 기도가 절로 나오는 순간들이었다. 오랜만에 제니를 만나서 안부를 들었고, 매튜에게도 잘 걷고 있다는 소식이 와서 기뻤다. 부엔 까미노!

떡갈나무 숲을 지나서 사리아를 향했던 그 이튿날을 생각하면 '고진감래' 라는 말이 알맞다. 흙 진창인 산길을 오르면서 비와 땀이 범벅된 채, 라 파바에 갔던 그 날은 배낭을 버리고 싶다는 생각을 많이 했다. 순례자의 삶을 살아가는 우리 일상에서도 감당하기 버거워서 놓아버리고 싶은 일들이 있지 않은가? 하지만 우리는 그 무게를 버릴 수 없으니까 끝까지 가져가야 하는 순례자다. 그래서 다음날에 동키 서비스를 보냈고 가벼운 몸으로 걸었다. 그래도 쌓인 눈과 짙은 안개가 또 한 번 힘들게 했다. 마치 인생에서 갑자기 나타난 고난의 복병처럼. 하지만 그날은 달고도 달았다. 사리아로 들어가는 길은 아름답다고 많은 이들이 얘기했다. 트리아 카스테야에서 출발하면 갈

림길이 나온다. 나는 산실 루트를 선택했다. 그 19km를 가기 위해서리 까오보 언덕을 올랐다. 이른 아침부터 비가 내려서 짙은 안개가 자욱했다. 그것을 헤쳐가며 걷는데 오 리비오 언덕을 다시 오를 때쯤 비가 개기 시작했다. 눈에 보이는 것들이 점점 많아졌다. 펼쳐진 초원에 가축들이 한가롭게 풀을 뜯기도 했고 오랜 세월을 지낸 집들이 보였다. 하늘이 맑아지더니 키 큰 나무에서 잎들이 반짝이기 시작했다. 유칼립투스가 그 향기를 더 뿜어냈다. 오래된 나무에 이끼가 자라서 이끼 숲이 된 곳도 있었다. 산길 가장자리 나무들이 무성하게 자라서 숲 동굴을 이룬 곳을 지나는 순례자 모습은 한 폭 수채화처럼 보였다. 이 풍경을 보면서 "고.진.감.래."라고 외쳤던 그 날이 생생하다.

온통 초록빛 바다 같은 숲, 그 광경을 떠올리면 나도 모르게 웃는다. 생생한 기억들이 좋다. 그래서 나는 숲을 좋아한다.

산티아고 순례길 · 11
- 까미노가 수필이 되어

산티아고 순례길 · 11
- 까미노가 수필이 되어

사리아 - 라바콜라

산티아고 프랑스길을 걸었던 나의 까미노! 시간이 지난 지금도 그때를 생각하면 행복하다. 바쁜 일상에서 미소 짓게 하는 추억이다. 이제 33일 동안 걸었던 여정의 마지막 부분을 추억할 시간이다. 당시 점점 가까워지는 목적지를 생각하면서 아쉬웠는데, 글을 쓰고 있는 지금도 같은 마음이다.

까미노, 더 머무르고 싶은 곳

까미노를 시작한 지 30일째였다. 사리아에서 포르토 마린을 향해 걸었다. 산티아고를 100km 앞두고 순례길이 끝난다는 아쉬움이 컸었다. 그래서 천천히 여유 있게 걷던 중이었다. 처음 보는 한국인 아저씨를 만나서 한 시간 정도 이런저런 이야기를 나누었다. 여유로움의 마음에서였을까? 지금은 세세하게 기억나지 않지만 두런두런 가족 이야기를 주고받으면서 금세 포르토 마린에 도착했다. 편안하고 조용했던 길을 함께 걸어준 것도 고마웠는데 시원한 거 한 잔 사주신다고 했다. 그래서 착즙 오렌지 주스를 얻어 마신 뒤 그분은 한 마을 더 갔다. 매일 새로운 까미노 친구를 만나는 것도 이 길이 지닌 행복이다.

알베르게에 들어가 보니 반가운 한태현씨가 있었다. 안부를 묻고 잘 걸어온 서로를 칭찬하고 격려했다. 함께 마을 슈퍼에 가서 저녁거리와 간식을 사 왔다. 저녁으로 볶음밥을 준비하면서 새로운 까미노 친구를 또 만났다. 이모와 조카가 함께 걷는 중이이었다. 퇴직한 이모와 즐거운 까미노를 걷고 있다고 했다. 어느새 주방은 한국인 다섯 명으로만 채워져 푸짐하고 수다 가득한 공간이 되었다. 맛있게 식사하고 있는데, 전에 만났던 목사님 부부가 들어오셨다. 반갑게 인사한 후에 합석한 우리 일곱 명. 서로 출발 동기가 달랐지만 까미노를 대하는 마음가짐과 길 위에서의 행복은 같았다.

미뉴 강가를 지나서 언덕길을 오르면 산 니콜라스 성모 성당이 있는 마을, 포르토 마린! 1966년에 벨르사르 저수지를 건설하면서 수몰되었던 마을을 그대로 높은 경사지 위로 옮겼다고 했다. 과거와 현재가 잘 보존되고 조화를 이루어서 잔잔하고 평화로운 추억을 남긴 마을이다. 이날 저녁 식사의 즐거움이 보태져서 오래 머무르고 싶었던 곳이다.

까미노에서 리조또 두 그릇

왕의 궁전이라는 뜻을 가진 마을 '팔라스 데 레이' 를 향하는 날이었다. 걷는 내내 서운했고 아쉬웠다. 감사기도를 했지만 끝나가는 까미노를 되돌릴 수도, 연장할 수도 없는 상황이라서 안타까운 마음만 컸다. 지금 생각해보면 아쉬움보다 기쁨으로 그 시간과 공간과 까미노 친구들을 대했어야 했는데……. 그렇게 걸어서 숙소에 도착했다. 어제에 이어서 다시 만난 한태현씨가 반갑게 맞아주었다. 그와 더불어서 걷던 브라질 친구 두 명을 소개받았다.

네 명이 함께 저녁을 해 먹었는데 한 친구는 채식주의자라서 하몽을 넣지 않은 파스타 한 그릇을 더 하게 되었다. 그 상황을 불편하게 생각하지 않았다. 당연하고 자연스럽게 한 가지 더 만드는 모습을 보면서 생각했다. '상대를 존중하고 인정하는 배려가 따뜻하네.' 같은 브라질인들이라고 그들만의 대화를 유쾌하게 이어갔다. 난 무슨 말인지 몰랐다. 그래도 함께 웃었다. 까미노라서 가능한 일이었다. 리조또 양이 많아서 두 가지를 먹었다. 두 그릇이었다.

채식주의자 덕분에…….

까미노를 혼자 걷는 행복

아르주아를 향하는 길을 표현하자면 행복이었다. 걷다 보면 만나서 얘기 나누다가 다시 헤어졌다. 그리고 또 만났다. 그러기를 반복하면서 걸었던 날이다.

조용히, 혼자 걸으면서 행복을 찾았던 날.

까미노의 힘, 동키 30km

배낭의 무게가 며칠 동안 허리를 짓눌렀다. 라바콜라를 향했던 그 날은 동키를 보내고 가볍게 걷자고 결심했고, 용기를 내서 다른 친구들보다 10km를 더 걷기로 했다. 총 30km.

배낭이 없으니 나의 어깨와 등은 날아갈 듯했다. 우거진 떡갈나무 숲에서 주말 하이킹을 하는 여러 명 할아버지를 만났다. 키가 훌쩍 큰 독일 여성 우테도 만났다. 동양인인 나와 키다리 여성 우테, 스페인 할아버지들은 어색한 조합의 무리다. 그러나 서로 격 없이 웃으며 사진을 찍고 잠시 대화를 나눴다. 멋지다고, 용감하다고 인사해

주는 그들에게 고맙다며 길을 다시 걸었다. 스쳐 지나갔던 까미노 친구들을 다시 만나는 기쁨도 얻었다. 딱 30km를 걸어서 숙소에 들어갔다. 운 좋게도 2인실이었다. 더구나 독방. 혼자 꿀잠을 잘 수 있는 행운을 선물 받은 듯했다. 산티아고에 도착하기 하루 전날인 나를 응원하는 선물.

나의 빨간 수첩과 휴대폰 갤러리에 저장된 까미노 사진을 보는 것은 마치, 내 삶의 수필을 꺼내서 읽는 것과 같다. 그리 요란하지 않게, 잔잔하지만 분명하게, 솔직하게 남아있는 내 기억이라는 수필이다. 그 시간의 조각들은 나에게 추억과 위로와 용기를 주곤 한다. 아무리 좋은 기억과 경험이라도 세월이 지나면 잊기 쉽다. 하지만 글쓰기를 통해서 그것들을 고스란히 남길 수 있는 것은 다행한 일이다. 그리고 수필을 배워서 나의 까미노를 글로 풀어내는 시간이 주어져서 감사하다.

산티아고 순례길 · 12
- 드디어

산티아고 순례길 · 12
- 드디어

라바콜라 - 산티아고 데 콤포스텔라

그랬다. 순례길 마지막 날이 복잡한 감정으로 뒤엉켜 버렸다. 라바콜라의 새벽, 잠에서 깨어 좀 뒤척이다가 일어났다. 감사기도를 마친 후 침낭을 접는데 어제 그 기분이 아니었다. 서운함과 기대가 교차하는 마음은 추스르지 못할 정도로 혼란스러웠다. 열 명 남짓 하는 순례자 모두 처음 만나는 사람들이었다. 그래서 외로움까지 훅 들어왔다. 사리아 이후로는 100km만 걷는 여행객이나 현지인들이 많아서 '군중 속의 고독' 을 많이 느끼곤 했다. 순례자의 외로움이나 외국인의 낯섦이었던 것 같다. 4월 중순의 새벽 공기가 차가워서 쓸쓸함이 휘몰아치기도 했다. 반면에 10km만 걸어가면 만날 수 있는 까미노 친구들을 떠올리면서 설레기도 했다. 이제 곧 목적지에 도착한다는 것이 믿어지지 않았다.

순례자의 짐에 복잡한 감정까지 꾹꾹 눌러 담은 채 배낭을 꾸렸다. 그리고 크게 심호흡했다. 순례길 마지막 날이었고, 이른 새벽어둠을 뚫고 걸어가야 했으니까. 라바콜라의 가로등은 그리 밝지 않았다. 한 5분 남짓 걸어가니까 금세 산길로 들어설 정도로 작은 마을이었다.

어두컴컴한 산기슭이 눈앞에 펼쳐졌을 때 온갖 나무와 풀들이 몽땅 크고 작은 검은색 덩어리로만 보였다. 겁이 많은 나는 잔뜩 긴장할 수밖에 없었다. 걸음을 주춤한 채 뒤를 돌아보아도 사람이 없었다. 혼자서 걸어야만 했다. 용기를 내서, 아니 돌아갈 수도 없으니 앞으로 가는 수밖에는 없다고 생각했으니까 직진해야 했다.

어둠이라는 두려움에 휩싸여서 온통 초록빛인 아름다움의 진실을 묻어 둔 채 발걸음만 재촉했다. 살면서 경계해야 할 편견이라는 것을 알지만, 당시는 그런 생각조차 할 여유가 없었다. 생각과 마음이 다른, 연약한 사람이었을 뿐이다.

핸드폰 플래시로 길을 비추면서 다른 데는 쳐다보지도 못했다. 잔뜩 긴장한 어깨에 무거운 배낭을 멘 채 겁이 나서 성큼성큼 걷는 걸음걸이를 상상해보라. 웃음이 나온다. 두려움으로 민감해진 귀가 세상 모든 소리에 집중하고 있었다. 재잘재잘 새벽을 울리는 말소리가 어렴풋이 들린 것은 걸은 지 50여 분 돼서였다. 뒤를 돌아보니 가벼운 배낭 차림의 스페인 아가씨 세 명이 명랑하게 걸어오는 게 아닌가?. 순례자인지 여행자인지 분간하기 어려운 행색이었지만 '부엔 까미노' 하며 큰소리로 인사를 건넸다. 지나치게 큰 소리에 나도 놀랄 만큼 반가웠다. 이제 살았다 싶었다. 속마음을 감추지 못한 채 혼자 걸어서 무서웠다고 호들갑스럽게 말을 건네었다. 그리고 같이 걷자고 했다. "씨 Si"('그래' 라는 뜻을 가진 스페인어)라고 유쾌하게 대답한 그녀들이었지만 걸음이 너무 빨랐다. 한 20여 분 함께 걷다가 안 되겠다 싶어서 먼저 가라고 했다.

그새 어스름한 새벽빛이 퍼지기 시작해서 혼자 걸어도 좋겠다고 생각했다. 어두워서 만끽하지 못한 순례자의 마지막 여정을 조용히 걸으면서 마무리하고 싶은 마음도 컸다. 이른 시간이라서 그랬는지 몇몇 순례자만 스쳐 지나갔다. 그 덕분에 한적한 길을 걸을 수 있었고, 묵상과 함께 지난 33일을 돌아보게 되었다. 지금까지 동행하셨던 주님이 내가 혼자 걸었을 때도 옆에 계셨다는 확신을 얻었다. 이후로도 나와 함께 하실 것을 말씀하시는 길이었다.

드디어! 감사한 시간과 함께 산티아고 데 콤포스텔라에 도착했다. 성당 앞 광장에 들어섰을 때 눈물이 펑펑 날 것이라고 상상했다. 하지만 그렇지 않아서 오히려 어색했다. 그저 눈물이 좀 맺혔을 뿐이었다.

무거운 배낭에 지쳤고, 발톱이 빠질 만큼 많이 걸었고, 물집 잡힌 발에 통증이 심했었다. 가족이 그리웠고 배앓이를 하면서 외로운 고통을 맛보았다. 하지만 견딜만한 무게였고 고통이었다. 시커멓게 죽은 발톱이 빠진 자리에 새 발톱이 자리 잡을 것을 알고 있었다. 물집도 다 아물었고, 순례길을 마친 나는 곧 가족을 만날 터였다. 외로움으로 복통을 견뎠던 시간이었지만 따뜻한 사람들을 만날 수 있었으니 감사가 충만했다. 그 과정과 감정들을 생각하니까 북받쳐 오르는 오열 대신 기쁜 눈물이 흘렀다. 그뿐만이 아니었다. 나 스스로가 대견해서 남편과 딸에게 막 자랑하고 싶었다. "그렇게 걱정했는데 이렇게 잘 해냈어."라고 크게 외치고 싶었던 마음이 컸다. 하나님의 시간 안에서 자존감을 세운 순례의 여정이 끝났다.

얼마쯤 생각에 잠겨있을 때 하루 먼저 도착한 아영이 마중 와서 나를 화들짝 놀라게 했다. 감동이었다. 우리는 오후 내내 오브라도이로 광장에 앉아 있었다. 까미노에서 알게 된 친구들을 만나는 그 광장은 떠들썩했다. 함께 얼싸안고 축하해 주는 이들로 가득찼다.

"We made it!"

"Buen camino."

서로에게 박수를 보냈고, 진심을 담아 축복해 주기도 했다. 그리고 알았다. 서로 다른 언어를 쓰고 다양한 종교를 가지고 있으며 얼굴 모습과 피부색이 다른 사람들이었지만 길 위에서는 같은 마음을 가진 친구들이었고 가족이었음을.

그 이름들을 불러 본다.

"혜진과 아영, 수정, 승환씨, 한태현씨, 제니와 크리스티안, 우테, 릴리, 주트와 네우스, 우도, 제랄딘, 짐과 네이트, 자리스, 페드로와 리옹, 달리스, 모니카와 카탈리나, 매튜, 배리, 초이, 존……."

지금도 그리운, 나의 까미노 가족이고 친구다.

에필로그

- 끝나지 않은 이야기

에필로그

- 끝나지 않은 이야기

요즘 한창 파리 올림픽이 진행 중이다. 우리 선수들의 경기를 지켜보려고 늦은 밤까지 리모컨을 쥐고 있을 때도 있다. 그들의 노력과 끈기가 대견하여서 갈채를 보내기도 하고, 아쉬운 마음으로 여름잠을 설치기도 한다. 경기를 응원하고 지켜보는 내 마음은 지금, 시차를 뛰어넘어 파리에 가 있다. 그래서 잠시나마 긴 장마와 무더위를 잊게 한다. 올림픽 경기를 시청하면서 불볕더위를 잊어버리거나 일과에 지친 몸과 마음을 쉬게 할 수 있는 것은 좋은 일이다.

시간뿐만 아니라 공간을 뛰어넘어서 늘 나의 마음을 뛰게 하는 게 있다. 나의 순례길! 이것은 나를 세우는 경험과 추억이라서 켜켜이 잘 간직하고 있었다. 마침 수필 쓰기를 배우게 됐고 차곡차곡 접어두었던 것들을 꺼내서 회고할 수 있었다. 돌아볼수록 산티아고 순례길이 우리 삶의 순례길과 같다는 생각에 이르렀다. 그리고 어떻게 살아갈지 방향이 보이기도 한다. 이것을 관점이라고 해도 좋고, 더 나아가서는 가치관이라고 표현해도 좋겠다.

첫 순례인 프랑스길 800km를 나섰을 때 '나의 하나님' 과 동행하지 않았다면 그 두려움을 이겨낼 수 없었을 것이다. 만약에 7~8kg의 무게로 배낭을 꾸리지 않고 욕심을 담아서 무겁게 걸었다면 나의 몸은 쇠약해졌을 것이다. 노란 화살표를 따라서 걷는 까미노의 규칙을 어겼다면 위험한 상황에 맞닥뜨렸을 수도 있다. 때로 그 화살표와 표식을 못 보고 지나쳐서 순례길을 벗어나기도 했고, 힘든 길에서 고통스럽게 주저앉은 적도 있었다. 그때마다 천사와 같은 사람들이 나타나서 길을 알려주었고 괜찮냐며 위로하고 격려했다. 높은 산을 오르내렸을 때, 거친 돌길로 이어지는 골짜기를 지났을 때, 뙤약볕 들판에 서 있을 때가 있었다. 그때마다 나를 세우셨고 지켜주셨던 그분의 은혜가 아니면 해낼 수 없는 까미노였다. 그 길을 다 걸어서 산티아고 데 콤포스텔라에 이르렀을 때 성당 앞 광장에 서서 했던 고백이 있다.

'온전한 하나님의 은혜가 아니었다면 감당하지 못했을 거예요. 감사합니다.'

이런 감사와 경험은 나만의 관점을 갖추게 했다. 교회 안에서 요동치는 믿음의 갈등 상황이 있었을 때 중심을 잡아주었고, 물질과 물건에 대해 욕심부리지 않을 마음그릇이 된 것 같았다. 내 삶의 주관자요 푯대는 하나님이시라는 가치관을 확고히 다져볼 수도 있었다. 원하시는 길이 아니라면 돌이킬 용기도 배웠다. 무엇보다도 자존감을 세우는 시간이어서 좀 더 단단한 사람이 되었다고 할까?

나의 긍정과 감사는 내 삶의 순례길이 생사고락을 거쳐서 하나님께로 향했던 시간으로 만들어졌다. 결혼과 출산, 아이를 낳고 키우면서 어른이 됨을 경험했던 시간, 암투병으로 연약한 사람의 모습을 지녔던 순간 등등……. 또, 내 도전과 용기와 행복은 산티아고 순례길의 여정을 밟았기에 얻을 수 있었다.

그래서 나를 사랑할 수 있다.

우리 목사님은 '순례자의 인생을 살아가는 우리' 라는 표현을 넣어서 종종 말씀을 전한다. 그럴 때마다 산티아고 순례길을 걸었던 나는 깊이 공감한다.

'맞아, 지금도 난 순례길을 걷고 있어. 어떤 것이든지 담담하게, 그러나 용기를 가지고 감사로 나가면 되는 거야.'

이게 요즘 내가 품고 있는 삶의 관점이다. 살아가면서 내 관심과 가치를 어디에 두느냐에 따라 행복과 불행이 달라질 텐데 난 하나님께로 관심을 집중해야겠다. 그리고 계속 걸어가야겠다. 끝나지 않은 순례길…….

내 발톱 세 개는 죽어 있다. 곧 빠지려고 한다. 이쁘지는 않지만, 부끄럽지 않은 자랑이다.

"부엔 까미노! Buen Camino!"

그저 걸어 봐!

그저 걸어 봐!

2019년 3월 12일부터 33일간 겪어낸 순간들을 생각하면 지금도 설렌다. 앞으로도 잘할 수 있는 마음가짐이 분명해져서 감사하다.

혼자, 낯선 곳에서, 배낭 하나를 메고 산티아고 데 콤포스텔라를 향했던 순례길! 그곳에서 나의 하나님과 동행할 때 든든했다. 친밀함을 느꼈다. 프랑스 국경을 넘어 스페인으로 이어지는 길에서 봄의 향연과 아름다운 사람들을 만났다. 고통의 시간과 무게에서 용기와 인내를 배웠다. 그러면서 '나' 에게 집중하고 토닥이다 보니 자존감이 세워졌다. 그러니 내가 이 길을 어찌 사랑하지 않을 수 있겠는가?

시월 어느 날!

남편에게 순례길 계획서와 함께 항공권을 내밀었다. 휘둥그레진 눈으로 진짜냐고 물었다. 혼자 나설 거냐고도 물었다. 남편이나 친구들이 함께 갈 상황이 아니니 혼자라도 나서고 싶다고 했다. 그래서 일정과 계획을 분명하게 말한 뒤 걱정하지 말라고 했다. 마침내 남편은 하고 싶은 일을 어떻게 막냐며 동의했다.

걱정불안과 함께 기대와 설렘으로 정보를 모으고 배낭 꾸리기를 하면서 회색빛이던 마음 빛깔이 어느새 밝게 바뀌고 있음에 감사했다. 2019년 봄, 나는 준비를 단단히 했다.

부활절을 앞두고!

예수님의 제자 중 야고보가 걸으며 복음을 전했다는 그 길을 내가 걷다니……. 사순절에 사뭇 울컥함으로 출발해서 걸었던 순례길 800km다. 33일간의 여정을 기쁨과 감사와 행복으로 마쳤으니 그저 걸어 본 길 치곤 너무 많은 것을 선물처럼 받았다. 산티아고 순례길을 다 마친 후 포르투갈을 여행했을 때 리스본에서 부활주일 예배를 드리게 되었다. 리스본 대성당에서 거대한 미사가 진행되었다. 나는 미사가 아닌 마음 중심의 예배를 드렸고, 웅장하게 울리는 파이프 오르간에 성령님의 호흡을 느끼기도 했다. 그리고 기도했다.

"주님이 허락하신 삶의 까미노에서 당신의 뜻을 따르게 하소서."

가는 길마다, 만나는 사람마다 아름답다!

봄바람과 연둣빛 나무들이 아름다운 것은 당연했다. 하지만 장대비, 눈보라, 짙은 안개, 칠흑 같은 새벽어둠, 마른 낙엽, 진흙 길, 황량한 자갈길, 이것들도 아름다울 수 있다는 것을 경험했다. 고운 흙길, 작은 시골 마을, 도시 등 사계절을 안은 채 다양한 마을을 지나며 다국적 남녀노소를 만나 걷는 봄 길이 아름다웠다. 눈부시게 어여쁜 길에서 감탄했고, 메마르고 뜨거워도 계속 걸을 수 있어서 감사했고, 외로운 중에 기도할 수 있어서 기뻤고, 초행길에 의지할 수 있는 노란색 화살표가 있어서 평온했고, 선물처럼 나타나서 함께 걷고 얘기하고 음식을 나누는 순례자들이 있어서 행복했다.

고통이 있을지라도!

8kg의 무게를 온전히 등에 짊어지고 걷는 800km 순례길은 고통이 따랐다. 물집과 근육통과 장염과 누적된 피로와 뜨거운 자외선이 따라다녔고, 험준한 산을 넘는 고통과 함께 눈비로 긴장해야만 했다. 베드버그와 코골이로 잠자리를 설치는 나날들이었다. 그런데도 감사와 미소가 끊이지 않음은 순례길이 안겨주는 기적이다.

나에게 집중할 수 있어서 행복한…….

반복되는 일상에서 아집이 믿음을 밀어내고, 나약해지는 몸과 마음은 자존감을 깎고, 중년이라는 이유로 가치관이 산만해졌을 즈음에 내디딘 그 걸음은 어둡게 드리워진 내면의 울타리를 거두는 용기였다.

48일간의 순례길과 여행은 온전히 나만을 바라보는 시간이었고, 내 믿음과 용기를 발견하는 순간이었으며, 다른 순례자와 삶을 나누며 자존감을 찾는 경험이었다. 그러니 어찌 행복하지 않을 수 있었을까?

그래서 도전하기를!

얼마간의 시간, 검소한 경비, 조금의 용기, 꾸준한 걷기로 준비된 체력만 있다면 이 행복한 길에 나서라고 말하고 싶다. 삶의 무게가 담긴 배낭 하나 메고 생활의 복잡함을 접어둔 채 희망을 품어 떠나는 길은 남녀노소를 막론하고 생각지 못한 행복을 선물로 받을 것이다.

그저 걸어 봐!

산티아고 순례길을 왜 걷느냐고 묻는 이들에게 해주고 싶은 말이다. 내가 걸었던 프랑스길 800km는 프랑스 남부의 국경 마을 생장 피에드포호에서 시작해 피레네산맥을 넘어 스페인의 산티아고 데 콤포스텔라에 도착하는 여정이다. 많은 이들이 종교적이거나 개인적인 이유로 순례길을 걷고 있다. 그저 걷고 또 걸으면 온전한 나로 이끄시는 하나님 은혜에 감사가 충만함을 발견하게 된다.

그저 걸으려고, 나는 또 나설 채비를 할 것이다. ▪